기버1

위대하고 엄청난 성공에 이르는 5가지 법칙

THE ——
GO ——— 기버1
GIVER

A LITTLE STORY
ABOUT A
POWERFUL
BUSINESS IDEA

밥 버그, 존 데이비드 만 지음 | 안진환 옮김

이 책에 쏟아진 찬사들

『기버1』은 거대한 생각을 담은 작은 책이다. 여러 방면에서 남용되는 단어인 '성공'으로 가는 가장 확실한 방법은 베푸는 것이다. 버그와 만의 강력한 우화가 보여주듯 베푸는 자는 번영할 뿐 아니라 세상을 바꾸기도 한다.

_다니엘 핑크Daniel Pink, 『파는 것이 인간이다』 저자

『기버1』은 내가 가장 좋아하는 책이다. 이 책 덕분에 내 삶이 크게 바뀌었다. 이 책에 담긴 메시지는 나의 신념과 정확하게 일치한다. 당장 사서 읽어보길 바란다.

_마리 폴레오Marie Forleo, 마리TV 진행자

대부분의 사람들은 이 책을 살 결단력도, 끝까지 읽고 실행에 옮길 의지력도 갖고 있지 않다. 그러나 당신은 다르다. 나는 확신한다. 당신은 해낼 것이고 분명 행복해질 것이다.

_세스 고딘Seth Godin, 『트라이브즈』 저자

다른 사람에게 도움이 될 만한 행동을 할 때 신뢰가 형성된다. 이 책은 신뢰, 기여, 봉사, 성공, 풍요의 원리를 아름답게 조명한다. 독자의 마음을 이끄는 통찰로 강력한 메시지를 전하는 책이다.

_스티븐 코비Stephen M. R. Covey, 『성공하는 사람들의 7가지 습관』 저자

이 책의 다섯 가지 성공 법칙은 당신이 목표를 달성하고 꿈을 실현할 수 있도록 도와줄 것이다.

_브라이언 트레이시Brian Tracy, 『나는 꽤 괜찮은 사람입니다』 저자

『누가 내 치즈를 옮겼을까?』 이후 이만한 우화는 맛본 적이 없다. 이 책을 읽고 여기 담긴 메시지를 소중한 이들과 나눌 것인지 아닌지는 바로 당신에게 달려 있다. 이 아름다운 책은 당신의 영혼을 어루만지고 심장에 영감을 불어넣을 것이다.

_데이비드 바크David Bach, 『자동 부자 습관』 저자

이 책은 좋은 책이 갖춰야 할 모든 조건을 지녔다. 흥미진진한 이야기 덕에 처음부터 끝까지 책을 내려놓을 수 없다. 꼭 알아야 할 교훈도 반복해서 짚어준다. 좋은 책이란 바로 이런 것이다. 나도 마지막 장까지 다 읽었다.

_마이클 E. 거버Michael E. Gerber, 『사업의 철학』 저자

세상은 풍요로운 곳이며 너그러운 영혼의 소유자들은 결국 보답을 받는다는 사실을 우리 모두에게 일깨워준다.

_로이스 P. 프란켈Lois P. Frankel, 『최고의 여자에게 배워라』 저자

'위대함은 작은 것에 담겨 있다'는 속담은 바로 이 책을 두고 하는 말이다. 두고두고 읽고 사랑하는 사람과 나눌 만한 보물이 몇 쪽 안에 다 들어 있다. 삶의 모든 면에서 성공할 진정한 열쇠를 담았다.

_톰 홉킨스Tom Hopkins, 『판매의 기술』 저자

이 책은 깊은 통찰력, 따뜻함, 생각할 거리를 모두 선사한다. 무엇보다 다른 경영서와 달리 인간다움이 무엇인지 보여준다.

_오리 브래프먼Ori Beafman, 『스웨이』 공저자

이 책의 핵심은 철학이다. 이 책이 보여주는 삶의 철학은 당신의 일과 삶을 완전히 바꾸고 당신이 속한 사회에서 특별한 발자취를 남기도록 안내할 것이다.

_게리 켈러Gary Keller, 『원씽』 공저자

『기버1』은 대단한 바람을 불러일으켰다. CEO들은 직원 전체를 위해 이 책을 대량으로 구매할 정도다. 이 책은 베풀면 돌아온다는 세상의 진리를 이야기한다.

_『허핑턴 포스트』

버그와 만은 '베풀면 돌아온다'는 격언을 직장인에게 적용할 수 있도록 단순하고 쉽게 해석해냈다.

_「퍼블리셔스 위클리」

『기버1』은 내 삶과 비즈니스에 엄청난 영향을 주었다. 책에 나오는 다섯 가지 법칙을 공유할 수 있어서 너무나 영광이다. 나를 더 나은 사람으로, 세상을 더 나은 곳으로 만들어준 버그와 만에게 감사할 따름이다.

_ 해리엇 E. 도미니크 Harriet E. Dominique, USAA 상임 부사장

『기버1』은 삶과 사업의 성공이라는 문제의 정곡을 찔렀다. 버그와 만은 다른 사람의 성공을 돕는 것이 자신의 성공으로 이어진다는 원리를 정확하게 이해했다. 이 책을 적극 추천한다.

_아이번 마이즈너 Ivan Misner , 「나는 오지랖으로 돈을 번다」 공저자

짧고 따뜻하지만 이 시대에 꼭 필요한 관대함의 메시지를 날리는 경영우화. 빠르게 변화하는 사회에서 우리는 인간다운 정신으로 성공을 쌓아가라는 채찍질이 필요하다. 당신도 이 책에 빠질 것이다.

_니도 쿠베인 Nido Qubein, 하이 포인트 대학 총장

가장 성공한 사람들만 아는 비밀을 이 책이 밝혀냈다. 세상을 더 좋은 곳으로 만들면 부는 따라온다는 사실이다.

_폴 제인 필저 Paul Zane Pilzer, 전 조지 부시 대통령 경제정책 고문

추천의 글

베풀고, 남을 더 배려하고, 타인의 삶에 선한 영향력을 미치고, 진실하게 살고, 주는 것과 받는 것 모두에 문을 열어두는 삶. 그런 삶이 아이들 동화에서만 등장하는 이야기는 아니다. 내가 만난 사람 중에서도 그렇게 멋지게 살고 있는 사람이 많이 있다. 사는 나라와 종사하는 분야는 다를지라도 그들은 모두 베푸는 철학의 핵심을 실천한다. 이 책은 그 철학이 무엇인지 여실히 보여주며, 베푸는 삶이 동화처럼 허황된 꿈이 아니라 평범한 사람도 일상생활에서 따를 수 있는 현실적인 길이라고 말한다.

우리는 믿고 싶다. 다른 사람을 먼저 생각하는 행동이 단지 멋진 목표로 그치지 않고 오히려 삶의 방식이 되는 세상, 베풂으로 인해 풍요롭고 보람차게 살 수 있는 세상이 가능하다고. 하지만 회의적인 목소리가 안팎으로 우리를 억누를 때가 많다. '어차피 잡아먹고 먹히는 세상, 스스로 자기 자신을 지켜야 한다'라는 말이 우리를 단념시킨다.

사람들 대다수는 성공해서 경제적으로 안정되어야 남에게 베풀 수 있다고 생각한다. 하지만 이 책에서 밥 버그와 존 데이비드 만은 'GO-GIVER'라는 단어를 우리에게 소개함으로써, 우리의 목표가 무엇이든 먼저 베푸는 사람이 되어야 성공할 수 있다고 이야기한다.

'베푸는 사람'이라는 말을 들으면 우리는 대개 부유한 사람들이 자선단체에 기부하는 모습을 떠올린다. 하지만 이는 베풂의 극히 일부일 뿐이다. 버그와 만이 말하는 '베푸는 사람'은 말 그대로 '주는 사람'이다. 즉, 타인에게 집중하고 관심을 가지고 시간과 에너지를 내어주며 다른 사람의 삶에 가치를 제공하라는 메시지이다.

어떤 일에 대한 대가나 앞서나가려는 전략으로 베푸는 것이 아니라, 베풂 그 자체가 삶을 충만하고 만족스럽게 해주기 때문이다.

아리아나 허핑턴 Arianna Huffington,

허핑턴포스트 미디어그룹 회장

차례

1

기어이 얻어내는 사람

클레이슨힐 신탁회사에 무엇이든 기어이 얻어내고야 마는 활동가가 있다면 그 사람은 바로 조일 것이다. 그는 누구보다 바쁘게 일했고 정상에 오르는 것이 그의 목적이었다. 적어도 계획은 그랬다. 조는 별을 좇는 젊은 야심가였다.

그러나 열심히 일하면 할수록 목표로부터 점점 멀어지는 것 같았다. 무언가를 얻어내기 위해 애쓰고 노력하지만 앞으로 나아가기만 할 뿐 얻는 것은 그리 많지 않은 것 같았다. 사실 너무나 바쁜 나머지 그런 것에 대해서는 생각할 시간도 별로 없었다. 특히 오늘 같은 날은 더욱 그랬다. 금요일인 오늘, 분기 마감이 일주일밖에 남지 않았는데 아직 분기별 목표를 채우지 못한 것이다. 이번 목표를 달성하지 못하면 조의 앞날에 먹구름이 낄 수도 있는 상황이었다.

그날 오후 해가 기울어질 무렵, 조는 마음의 결정을 내렸다. 이제 도움을 청해야 할 시점이었다. 그는 칼에게 전화를 걸었다. 그러나 대화는 순조롭게 풀리지 않았다.

"칼, 그게 무슨 소리야? 그럴 리가……."

조는 목소리에 묻은 절망감을 떼어내려고 숨을 깊이 들이마셨다.

"닐 핸슨? 빌어먹을 닐 핸슨이 도대체 누군데? …… 그 작자가 뭘 내걸었든 상관없어. 우리도 그쪽 제안을 다 받아줄 수 있단 말이야. 잠깐, 기다려 칼. 나한테 빚진 거 있지? 잘 알잖아! 핫지 계정에서 짭짤한 수익을 올린 게 다 누구 덕인데? 이봐, 끊지 말라고…… 칼?"

조는 힘없이 수화기를 내려놓고는 한숨을 내쉬었다.

그는 대규모 계약을 따내려고 필사적으로 애쓰고 있었다. 그가 따내는 게 당연하고 3/4분기 목표액을 맞추려면 반드시 필요한 건이었다. 1/4분기 할당량 미달에 이어 2/4분기 할당량 역시 미달. 벌써 투 스트라이크를 기록한 셈이다. 삼진아웃은 생각하고 싶지도 않았다.

"조, 괜찮아?"

누군가의 목소리에 조는 고개를 들었다. 회사 동료인 멜라니 매튜스가 근심어린 표정으로 쳐다보고 있었다. 멜라니는 성품이 선하고 좋은 사람이었다. 하지만 그 때문에 두 사람이 일하는 이곳 7층처럼 경쟁이 심한 환경에서 그녀가 얼마나 오래 버틸 수 있을지 의구심이 들곤 했다.

"그래, 괜찮아."

조가 대답했다.

"칼 켈러먼이었어? BK 때문이야?"

조는 한숨을 토했다.

"맞아."

설명은 필요 없었다. 7층 사람이라면 칼 켈러먼이 누군지 훤히 알고 있었다. 그는 기업 브로커로, 조는 칼을 통해 BK 건을 유치해야만 곤경에서 벗어날 수 있었다. BK는 빅 카후나 Big Kahuna의 약자인데 조는 이 거래를 책임질 회사를 반드시 찾아야만 했다.

칼에 의하면, 빅 카후나 측 사장은 조의 회사가 파트너로 삼기에는 '권력과 영향력'이 부족하다고 평가했다고 한다. 그런데 마침 듣도 보도 못한 작자가 나타나 싸게 입찰했고, 조를 물 먹인 것이다. 칼은 자신이 할 수 있는 일은 아무것도 없었다고 변명했다.

"물 건너갔어."

조가 말했다.

"힘내, 조."

멜라니가 위로의 말을 건넸다.

"이 바닥에 있다보면 이렇게 물 먹을 때도 있는 법이지."

조는 이렇게 말하며 자신에 찬 미소를 내보였다. 하지만 사실 머릿속에는 칼이 내뱉은 말이 맴돌고 있었다. 멜라니가 자리로 돌아간 뒤, 조는 다시 상념에 빠졌다. 권력과 영향력이라…….

잠시 후, 그는 자리에서 벌떡 일어나 멜라니의 자리로 향했다.

"이봐, 멜라니."

그녀가 그를 올려다보았다.

"지난번에 거스와 얘기한 것 기억나? 다음 달 어딘가에서 한 거물 컨설턴트가 강연을 한다고 했잖아? 캡틴인가 뭐라 하는 사람 말이야."

멜라니가 미소를 지었다.

"핀다 회장님 말이야?"

조는 '딱' 하고 손가락을 튕겼다.

"맞아, 핀다! 성은 뭐지?"

멜라니는 이마를 찡그렸다.

"생각이 안 나는데. 사실 들어본 적이 없는 것 같아. 다들 회장님이라고 부르거나 아니면 그냥 핀다라고 하니까. 왜? 가서 한번 들어보려고?"

"응. 어쩌면……."

사실 한 달 뒤에 열리는 강연에는 관심이 없었다. 조의 관심은 오직 하나, 3/4분기가 끝나는 다음 주 금요일까지 반드시 해결해야 할 문제에만 집중되어 있었다.

"그 사람 진짜 거물인 것 같던데. 컨설팅 보수도 상당하고, 일류 기업만 상대한다면서? 영향력도 만만치 않겠지? BK 정도는 우리 회사도 충분히 처리할 수 있어. 그렇지만 이 거래를 다시 이쪽으로 끌어오려면 막강한 영향력이 있는 사람이 필요해. 그 회장님이란 사람에게 직접 연락할 수 있는 방법이 없을까?"

멜라니는 마치 조가 방금 곰에게 레슬링을 신청하기라도 한 듯 그를 빤히 바라보았다.

"그분한테 직접 전화를 하겠다고?"

조는 으쓱했다.

"물론이지. 그러면 안 된다는 법이라도 있어?"

멜라니는 고개를 저었다.

"글쎄, 어떻게 연락해야 할지 난 모르겠는걸. 거스한테 물어
보는 게 어때?"

조는 자리로 돌아오면서 거스가 어떻게 오랫동안 이 회사
에서 살아남을 수 있었는지 궁금해졌다. 그가 일다운 일을 하
는 모습을 한 번도 본 적이 없기 때문이다. 그런데도 조와 멜
라니 그리고 열두 명의 직원들이 7층의 공간 하나를 나누어
쓰는 반면, 거스에게는 개인 사무실이 있었다. 연공서열로 사
무실을 배정받은 것이라는 말도 있었고 실력으로 얻어냈다는
말도 있었다.

몇 년 전 커다란 실적을 올린 뒤 지금까지 아무런 성과가
없는데도 경영진이 단지 그의 충성심 하나만 믿고 해직시키
지 않는다는 소문도 있었다. 거스에 관한 또 다른 충격적인 소
문은 젊은 시절에 엄청난 성공을 거두었고 이제는 돈벌이에
연연하지 않는 괴짜 부자가 되어 침대 매트 밑에 수백만 달러
를 숨겨놓은 채 연금생활자처럼 살아가고 있다는 것이었다.

조는 소문을 믿지 않았다. 거스는 대형 계약들을 따낸 게 틀
림없었다. 하지만 그에게서 세일즈 슈퍼스타의 모습을 떠올리
기는 어려웠다. 거스는 유능한 비즈니스맨이라기보다는 은퇴
한 시골 의사 같은 인상을 풍겼다. 느긋하고 편안한 분위기에

서 잠재 고객들과 한가롭게 통화(비즈니스를 제외한 모든 주제를 다루는 듯한 내용이었다)를 하거나 며칠씩 자리를 비우고 긴 휴가를 떠나는 모습을 보면 고대 시대의 유물을 보는 것 같기도 했다.

기어이 목표를 이루어내는 집요한 비즈니스맨과는 분명 거리가 먼 사람이었다.

조는 그의 사무실 문 앞에서 가볍게 노크했다. 사실 문은 열려 있었다.

"들어오게, 조."

대답이 들렸다.

"음, 그러니까 지금 전화를 해서 직접 만나보고 싶다는 얘기로군!"

거스는 커다란 명함첩을 엄지손가락으로 조심스럽게 넘기다가 곧 모서리가 접힌 카드 한 장을 찾아냈다. 그는 조그만 메모지에 전화번호를 적어 조에게 건넸다. 그리고 조가 메모지를 받아들고 전화기의 버튼을 누르는 모습을 지켜보았다.

"오후에 다시 전화를 달라고요?"

조가 싱긋 웃었다.

"네, 꼭 그렇게 하겠습니다."

거스는 무언가를 골똘히 생각하며 고개를 끄덕였다.

"조, 자네한테 해주고 싶은 말이 있어. 자네한테는 야망이 있고 난 그 점을 아주 높이 평가하고 있네."

해포석 담배 파이프를 손으로 만지작거리면서 거스가 말을 이었다.

"자네는 여기 7층에서 유일하게 원하는 걸 꼭 얻어내고 마는, 진정한 활동가라 할 수 있지."

조는 기분이 좋아졌다.

"고맙습니다, 선배님."

그러고는 자기 자리를 향해 발걸음을 돌렸다.

그때 등 뒤에서 거스가 외쳤다.

"아직 고마워하기는 일러."

몇 시간 후 조는 다시 핀다 회장의 사무실로 전화를 걸었다. 전화벨이 한 번 울리더니, 자신을 브렌다라고 소개하는 경쾌한 여직원의 목소리가 들렸다. 조는 자기소개를 한 뒤 회장님을 만나고 싶다고 말했다. 그리고 그녀가 방어막을 치면 어떻게 뛰어넘을지 궁리하고 있었다.

하지만 다음 순간, 조는 깜짝 놀랐다.

"물론 만나실 수 있습니다. 내일 아침에 오시겠어요?"

"내, 내일이요?"

조는 더듬거렸다.

"내일은 토요일인데요!"

"네, 즐거운 토요일이죠. 실례지만 아침 8시는 좀 이른가요?"

그는 멍하니 할 말을 잃었다.

"어, 머…… 먼저 그분 일정을 확인해봐야 하지 않습니까?"

"아니에요. 내일 아침이면 괜찮아요."

브렌다의 대답에는 흔들림이 없었다.

잠시 침묵이 흘렀다. 조는 그녀가 자신을 다른 누군가와 혼동하고 있는 게 아닌가 하는 생각이 들었다. 핀다 회장과 잘 아는 누군가와 말이다.

"여보세요?"

조는 가까스로 말문을 열었다.

"저, 어, 저는 회장님과 초면입니다만?"

"알고 있습니다."

그녀가 명랑하게 대답했다.

"그분의 명성을 듣고 그분의 거래 비결을 배우려는 거죠?"

"네, 그렇죠. 그런 셈이죠."

조가 말했다.

'거래 비결? 그 사람이 나한테 자신의 거래 비결을 자진해

서 가르쳐준다고?'

이토록 놀라운 행운이 찾아오다니, 믿을 수가 없었다.

"일단은 한 번 만나주실 거예요."

브렌다는 말을 이었다.

"그러고 나서 당신이 그분의 조건을 받아들이면 추가로 약속을 잡으실 거고요."

"조건이요?"

조의 심장이 덜컥 내려앉았다. 그는 이 '조건'이 자신이 감당할 수 없는 컨설팅 금액일 것이라고 확신했다. 설령 자신이 수용할 수 있는 금액이더라도 그에게는 없는 또 다른 자격을 요구할지도 몰랐다. 회장과의 만남이 과연 그만한 가치가 있을까? 일찌감치 손을 뗄 적당한 방법을 찾아 손실을 최소한으로 줄이는 게 좋지 않을까?

"실례일지 모르지만 그 조건이란 게 뭔지 여쭤봐도 될까요?"

조가 물었다.

"그건 올드맨Old Man에게 직접 들으셔야 돼요."

그녀의 대답에 웃음이 묻어났다.

조는 브렌다가 불러주는 주소를 받아 적고 감사의 말을 중얼거린 뒤, 전화를 끊었다. 내일 아침이면 판다 회장과 만나게 될 것이다. 그런데 그 여자가 그분을 뭐라고 불렀더라? 올드 맨? 왜 그 말을 하면서 웃었을까?

2

핀다 회장의 거래 비결

다음 날 아침, 조는 브렌다가 알려준 핀다 회장의 집에 도착해 집 앞으로 난 거대한 원형 진입로로 차를 몰았다. 주차를 한 후 건물을 올려다본 그는 압도당하고 말았다. 아름다운 4층짜리 석조 대저택이 우뚝 서 있었다. 조는 나지막이 휘파람을 불었다. 굉장한 곳이었다.

'확실히 이 사람은 대단한 권력을 지니고 있는 듯하군. 이 정도면 됐어.'

어젯밤 조는 자기만의 과제를 해치웠다. 한 시간 동안 인터넷을 뒤져 지금부터 만나려는 사람에 대해 꽤 중요한 정보를을 알아낸 것이다.

회장님이라고 불리는 이 사람은 분야를 가리지 않고 다양한 기업들에서 매우 성공적인 경력을 쌓았고 지금은 일선에서 거의 물러나 대부분의 시간을 컨설팅과 자문 활동에 할애하고 있었다. 《포춘》 500대 기업에서 가장 선호하는 비즈니스 컨설턴트이자 일류 기업의 각종 행사에 중심 연사로 초청되는 사람이었다. 한마디로 그는 전설적인 인물이었다. 어떤 기사에서는 그를 '재계에서 가장 철저히 지켜진 비밀best-kept secret'이라고 칭하기도 했다.

"권력과 영향력에 대해 이야기해야 해."

조는 혼자 중얼거렸다.

"권력과 영향력, 잘하라고!"

"조! 어서 오게!"

잿빛 머리칼을 깔끔하게 빗어 넘긴 호리호리한 남자가 연푸른 셔츠와 밝은 회색 재킷 그리고 잘 다린 연회색 바지 차림으로 웅장한 참나무 문 앞에서 그를 기다리고 있었다. 60대 초반 정도, 아니면 50대 후반쯤일 것 같았다. 그의 나이는 인터넷을 통해 알아내지 못한 정보 중 하나였다.

정확한 순자산 역시 알아내지 못했지만 여러모로 보건대 상상을 초월할 것임은 틀림없었다. 사내의 위엄 있고 우아한 태도와 눈앞에 서 있는 성채가 그 같은 추측을 확신시켜주었다. 남자의 밝은 표정으로 봐서 "어서 오시게!"라는 말은 인사치레가 아니라 진심에서 우러나온 것이 분명했다.

"안녕하십니까. 처음 뵙겠습니다."

조가 인사했다.

"이렇게 시간을 내주셔서 감사합니다."

"천만의 말씀. 나야말로 고맙네. 자네와 똑같은 이유로 말이야."

핀다는 악수를 하며 환하게 웃었다. 조는 어색한 미소로 답하며 속으로 의아해했다.

'왜 나한테 고맙다는 거지?'

"테라스로 나가세. 가서 레이첼의 이름난 커피를 드세나."

조와 인사를 나눈 핀다는 저택을 둘러싸고 있는 작은 자갈길로 그를 안내했다.

"이곳으로 불러서 놀랐나?"

"솔직히 말해서, 그렇습니다."

조는 순순히 시인했다.

"재계의 전설적인 인물들 가운데 토요일 아침에 전혀 모르는 사람에게 자기 집 대문을 열어줄 사람이 몇이나 있을지 모르겠군요."

조와 함께 걷던 핀다가 고개를 끄덕였다.

"의외로 문은 쉽게 열린다네. 성공한 사람일수록 자신의 비결을 다른 이들과 기꺼이 나누려고 하거든."

조는 그 말이 사실일 수도 있다고 믿으려 최선을 다하며 고개를 끄덕였다.

핀다가 그를 바라보더니 다시 미소를 지었다.

"겉모습에 현혹되지 말게. 겉모습은 늘 사람을 속인다네."

그들은 잠시 아무 말 없이 걸었다. 핀다가 입을 열었다.

"한번은 래리 킹과 쇼에 함께 출연한 적이 있었네. 자네도 그 사람을 알겠지? 라디오와 텔레비전 대담 프로 진행자로 유명하니 말일세."

조는 고개를 끄덕였다.

"난 내가 평소에 봐왔던 것들을 그에게 물어보기로 했지. 그도 유명하고 성공한, 영향력 있는 사람들을 많이 만나보았을 테니까. 내가 '래리, 초대 손님들이 겉으로 보이는 것처럼 정말 훌륭합니까? 진짜 유명한 슈퍼스타들도 그런가요?'라고 물었더니, 나를 빤히 보면서 이렇게 말하더군. '사실대로 말하자면, 정말 신기하게도 진짜 거물일수록 더욱 훌륭하더군요.'"

핀다의 톤이 약간 높고 따스한 목소리에는 무언가 기묘한 부분이 있었다. 조는 그의 목소리를 처음 듣는 순간부터 이상하게 마음이 편해지는 것 같았다. 그리고 그게 무엇인지 알 것 같았다. 그것은 전형적인 이야기꾼의 목소리였다.

핀다는 이야기를 계속했다.

"래리는 잠시 자기가 한 말에 대해 생각하더니 이렇게 말했다네. '특별히 대단하지 않은 사람도 어느 정도의 성공은 이룰 수 있다고 믿습니다. 하지만 정말 대단한 거물이 되려면, 즉 우리가 지금 말하고 있는 엄청난 성공에 도달하려면 뭔가 특별한 것을 갖춰야 합니다. 참되고 진실된 어떤 것 말이지요.'"

두 사람은 테라스에 있는 테이블에 이르렀다. 조는 주변을 돌아보고는 놀라서 자신도 모르게 숨을 들이켰다. 그들 아래로 펼쳐진 도시 너머, 솜 같은 하얀 구름에 반쯤 가려진 산봉우리들이 서쪽으로 구불구불 길게 뻗어 있었다. 기막히게 눈부신 경관이었다.

자리에 앉자 핀다가 레이첼이라고 부른 젊은 여자가, 그녀의 '이름난 커피'가 담긴 주전자를 들고 나타났다. 그녀가 커피를 따르는 걸 보며 조는 생각했다.

'수전한테 이 이야기를 해줘도 절대 안 믿을 거야.'

그는 아내 수전에게 그저 '미래의 고객'을 만난다고만 말했다. 그의 모험담을 듣는 동안 그녀의 얼굴에 떠오를 표정을 생각하니 싱긋 웃음이 나왔다.

조가 말을 이었다.

"래리 킹이라고요? 그건 그렇고 이 커피 맛 기가 막힌데요. 레이첼의 커피가 정말 유명한가요?"

"우리 집에선 그렇지."

핀다가 웃으며 말했다.

"난 내기를 즐기진 않지만 그래도 혹 건다면 내가 무슨 내기를 할 것 같은가?"

조는 모르겠다는 듯 고개를 저었다.

"바로 언젠가 레이첼의 커피가 세계적으로 이름을 떨칠 거라는 데 걸겠네. 레이첼은 정말 특별하거든. 1년 남짓 우리와 함께 살았는데 아마 곧 떠날 것 같아. 내가 커피 체인점을 열라고 끊임없이 권했지. 세상 사람들과 함께 나누지 않으면 아까울 만큼 맛이 기가 막히니까."

"음, 무슨 말씀인지 알겠습니다."

조는 몸을 앞으로 기울이고는 소위 사나이들끼리의 비밀 얘기를 나누는 포즈를 취했다.

"레이첼이 이 커피를 상업화할 수 있다면 두 분은 대박을 터트리겠군요."

조는 다시 의자에 몸을 기대고 커피 한 모금을 마셨다.

핀다가 잔을 내려놓고 진지한 표정으로 그를 쳐다보았다.

"사실 오늘 우리가 나눌 대화의 출발점으로 삼고 싶은 부분이 바로 그것일세. 부의 창조라는 측면에서 자네와 나는 서로 다른 방향에서 출발하고 있어. 만일 우리가 함께 길을 걸을 거라면 같은 방향을 보는 것부터 시작해야 하네. 눈치챘나? 나는 '그녀의 커피를 사람들과 나눈다'고 했는데 자네는 '대박을 터트린다'고 했지. 뭐가 다른지 알겠나?"

뭐가 다른지 잘 알 수는 없었지만 조는 목소리를 가다듬으면서 말했다.

"어, 그런 것 같습니다."

핀다는 웃었다.

"그렇다고 내 말을 오해하지는 말게. 돈을 버는 게 잘못되었다는 뜻이 아니야. 사실 돈을 많이 버는 게 잘못은 아니지. 단지 그게 자네를 성공으로 이끄는 목표는 아니라는 걸세."

조의 당황스러운 표정을 읽은 핀다는 고개를 끄덕이며 설명을 해주겠다는 의미로 손을 쳐들었다.

"자네는 성공에 대해 알고 싶은 게지. 그렇지 않은가?"

조는 고개를 끄덕였다.

"좋아. 그렇다면 내 거래 비결을 자네에게 알려주지."

핀다는 몸을 약간 수그리며 부드럽게 한 단어를 말했다.

"주게."

조는 잠시 기다렸다. 그러나 그게 다였다.

"뭐라고 하셨죠?"

핀다는 미소를 지었다.

"주라고요?"

핀다는 고개를 끄덕였다.

"그게 성공의 비결입니까? 회장님의 사업 비결이에요? 주는 게 말입니까?"

"그렇다네."

핀다가 말했다.

"아, 그런데. 그건…… 좀……."

"너무 단순한가? 아니면 그게 사실이라 해도 그럴 리가 없다고 생각하나?"

핀다가 물었다.

"그렇다고 할 수 있지요."

조가 조심스럽게 말했다. 핀다는 고개를 끄덕였다.

"대부분의 사람들이 그런 반응을 보이지. 사실 성공의 비결이 주는 것이란 말을 들으면 대부분은 웃고 만다네."

그는 잠시 말을 멈춘 뒤 계속했다.

"그리고 한 가지 더. 대부분의 사람들은 자기가 원하는 성공에 가까이 가지 못하지."

조는 그 말에 반박할 수 없었다.

"대부분의 사람들은 벽난로더러 '나한테 열기를 주면 장작을 던져주마'라는 식의 사고방식을 가지고 있다네. 은행에 대고 '이자를 주면 계좌를 만들겠소'라고 말하는 것과 똑같아. 물론 그런 식으로는 아무것도 얻을 수 없어."

조는 핀다가 든 예를 이해하려고 이마를 찡그렸다.

"알겠나? 한 번에 두 방향으로 갈 수는 없다네. 자네처럼 돈을 벌기 위해 노력하는 것은 백미러만 보면서 시속 120킬로미터로 고속도로를 달리려고 하는 것과 같아."

핀다는 커피를 한 모금 더 마시면서 조가 생각을 정리하기를 기다렸다. 조는 자신의 뇌가 시속 120킬로미터로 고속도로를 역주행하고 있는 느낌이 들었다.

"알겠습니다."

조가 천천히 입을 열었다.

"그러니까 성공한 사람들은 남에게 주거나 나누는 일에 집중한다는 거죠?"

핀다가 고개를 끄덕였다.

"그리고 그것이 성공을 만들고요."

"바로 그거야!"

핀다가 외쳤다.

"이제야 나와 같은 방향을 보고 있군."

"하지만…… 그러면 많은 사람들이 회장님을 이용하려 들지 않나요?"

"좋은 질문일세."

핀다가 잔을 내려놓고 몸을 앞으로 숙였다.

"사람들은 대부분 이 세상을 무궁무진한 보물이 아니라 한계로 가득한 곳으로 여기면서 성장하지. 협동의 장이 아니라 경쟁의 장으로 보는 거야."

그는 조가 다시 혼란에 빠진 것을 알고 이렇게 설명했다.

"골육상쟁의 세계 말이네. '물론 사람들은 모두 겉으로는 점잖게 행동해. 하지만 사실 모든 인간은 이기적이야'라고 설명하면 정리가 되나?"

조는 정말 그렇다고 동의했다. 어쨌든 그 역시 그렇게 믿어왔던 것이다.

"그런데 그건 진실이 아니라네."

핀다가 말했다. 그는 조의 의심스러운 표정을 보고 말을 이었다.

"사람들이 이렇게 말하는 것을 들어봤나? '원하는 것을 항상 다 가질 수는 없다You can't always get what you want(롤링스톤스The Rolling Stones의 노래 제목이기도 하다. -옮긴이).'"

조는 싱긋 웃었다.

"롤링스톤스 말인가요?"

핀다도 웃었다.

"내 생각엔 믹 재거Mick Jagger가 노래하기 훨씬 전부터 있었던 말인 것 같은데. 맞아, 일반적인 가치관인 셈이지."

"설마 그것도 진실이 아니라고 말씀하시려는 건가요? 사실은 원하는 걸 다 얻을 수 있다고 말입니다."

"아니, 그 말은 진실일세. 살다보면 자신이 원하는 것을 얻지 못하는 경우도 있는 법이지. 하지만……."

핀다는 다시 몸을 수그렸다. 그의 부드러운 목소리에는 말의 요지를 한층 더 강조하는 효과가 있었다.

"얻을 수 있는 것도 있네. 바로 자신이 얻을 거라고 기대하는 것이지."

조는 다시 얼굴을 찡그렸다. 그는 핀다의 말이 과연 진실일지 판단해보려 애썼다.

핀다는 다시 의자에 몸을 기대고 조를 바라보며 커피를 마셨다. 잠시 침묵을 지키던 그가 말을 이었다.

"달리 표현하면 이렇네. 집중하면 얻을 수 있으리라. 아마 이런 말도 들어봤을 거야. '불행을 찾아나서라. 그러면 발견할 것이다.'"

조는 고개를 끄덕였다.

"그것도 진실이라네. 하지만 꼭 불행에만 해당하진 않아. 그건 모든 것에 해당되네. 갈등을 찾으면 갈등을 만날 것이고, 날 이용하려는 사람을 찾으면 그런 사람들을 만나게 되지. 세상을 골육상쟁의 장으로 본다면 나를 다음번 희생양으로 보는 덩치 큰 개를 만날 수밖에 없어. 그리고 사람들로부터 좋은 면을 찾으려 하면 그들이 얼마나 많은 재능과 독창성, 배려와 선량함을 지니고 있는지 알고 놀랄 것이네. 결국 세상은 내가 대접받길 원하는 방식대로 대접하게 되어 있다네."

핀다는 잠깐 말을 멈추고 조가 그 말을 소화하기를 기다렸다가 한마디를 덧붙였다.

"조! 지금 자네가 겪고 있는 일이 자기 자신과 얼마나 밀접한 관계가 있는지 알면 놀랄 걸세."

조는 숨을 들이켰다.

"그러니까 이런 거군요."

그는 두 번째 견해에 대해 천천히 큰 소리로 자신의 생각을 말했다.

"회장님이 원치 않기 때문에 사람들이 회장님을 이용하지 않는 겁니까? 이기심과 욕심이 주변에 만연한데도 회장님이 거기에 관심을 두지 않기 때문에 그것이 영향을 미치지 않는다는 건가요?"

그때 갑자기 영감이 번득였다.

"이를테면 튼튼한 면역 체계를 갖추고 있어서 행여 주변에 병이 돌아도 회장님은 옮지 않는다는 건가요?"

핀다의 눈이 반짝였다.

"멋지군! 절묘한 표현이야."

그는 재킷 안에서 작은 수첩을 꺼내 메모를 하면서 말했다.

"기억해둬야겠어. 자네의 탁월한 표현을 내가 빌려 써도 괜찮겠나?"

조는 의기양양한 몸짓을 하며 말했다.

"물론입니다. 마음대로 쓰세요. 전 아직도 많이 남아 있으니까요."

조는 잠시 후 이렇게 덧붙였다.

"실은 제 아내가 자주 하는 말입니다."

수첩을 주머니에 집어넣던 핀다가 웃음을 터트렸다. 그는 두 손을 무릎 위에 올려놓고 조를 똑바로 응시했다.

"조, 자네와 함께하고 싶은 일이 있네. 내가 지금까지 터득한 엄청난 성공에 이르는 다섯 가지 법칙을 자네에게 알려주고 싶어. 자네가 내게 조금만 시간을 내줄 수 있다면. 그래, 다음 주부터 일주일 동안만 날마다 만나는 게 어떻겠나?"

"진심이십니까?"

조는 말을 더듬거렸다.

"일주일이라고요? 그게, 음, 시간을 얼마나 낼 수 있을지…… 잘 모르겠군요."

핀다는 막연히 손을 내저었다. 마치 시간은 아무런 의미도 없다고 말하는 듯했다.

"아무 문제없을 걸세. 하루에 한 시간이면 되니까. 점심시간에 오게. 점심 먹을 시간은 있지 않나?"

조는 말문이 막힌 채 가까스로 고개만 끄덕였다. 일주일 동안 매일 회장님이 날 만나준다? 그리고 자신의 가장 소중한 거래 비결을 자세히 알려준단 말이지?

"하지만 먼저 자네가 내 조건에 동의해주어야 하네."

핀다의 말에 조의 심장이 덜컥 내려앉았다. 그래, 조건이 있었지. 완전히 잊고 있었다. 브렌다가 말하길, 핀다의 조건에 동의해야만 다음 일정을 잡을 수 있다고 했다. 조는 침을 꿀꺽 삼켰다.

"사실 전 그만한……."

핀다가 두 손을 쳐들었다.

"걱정 말게, 그런 게 아니니까."

"그럼 비밀유지 서약이라도 해야 하나요?"

이 말에 핀다는 크고 쩌렁쩌렁한 웃음을 터트렸다.

"아니야. 그런 서약 같은 건 필요 없네. 오히려 그 반대지. 내가 이 다섯 가지 법칙을 '비결secret'이라고 부르는 이유는 사람들이 모르게 하기 위해서가 아니라 오히려 정반대의 이유에서야. 난 사람들이 이 법칙을 발견해서 열심히 탐구하길 바라네. 그래서 그에 걸맞는 가치를 부여하길 바라고. 그건 정말 명예로운 일이거든."

"무슨 말씀인지 도무지……."

조는 어리둥절했다.

핀다가 웃었다.

"비결이라는 단어 말일세. 원래 이 단어는 귀한 물건을 뜻했지. 특별한 가치에 따라 추려내서 무게를 잰 뒤 따로 보관하는 귀중한 물건. 사실 난 모든 사람이 이 다섯 가지 법칙을 알았으면 해. 하지만 바로 그런 이유 때문에 나는 이런 조건을 내건다네. 조건은 단 한 가지야. 준비되었나?"

조는 고개를 끄덕였다.

"내가 자네에게 한 가지 법칙을 알려줄 때마다 반드시 실제로 적용해봐야 하네. 어떤가? 생각해보거나 말하는 데서 그치지 않고 실생활에 적용해야 한다는 말일세."

조가 막 대답을 하려는 순간 핀다가 그의 말을 가로막았다.

"그리고 가능한 한 그 즉시, 자네가 법칙을 배운 바로 그날 안에 실행해야만 하네."

조는 핀다가 장난을 치는 게 아닐까 싶어 그를 멍하니 바라보았다.

"진심이십니까? 그날 밤 잠자기 전에 말인가요? 그렇지 않으면 제가 호박으로라도 변하나요?"

핀다의 얼굴에서 긴장이 사라지더니 미소가 번졌다.

"아니, 물론 호박으로 변하진 않을 걸세. 하지만 내 조건을 지키지 않으면 우리의 만남은 거기서 끝날 거야."

"실례되는 말씀이지만……."

조는 머뭇거리며 말을 이었다.

"제가 약속을 지키지 않았다는 걸 어떻게 알아내실 겁니까?"

"탁월한 질문이야. 내가 어떻게 아느냐고?"

핀다는 생각에 잠겨 고개를 끄덕였다.

"나야 모르지. 하지만 자네는 알 거야. 자네는 자신의 명예를 거는 걸세. 나는 자네가 내 법칙을 배운 바로 그날 안에 적용할 방법을 찾지 못한다면 다음 날 브렌다에게 전화를 걸어 이후 일정을 모두 취소할 거라고 믿네."

그는 조를 바라보았다.

"난 자네가 내 조건을 진지하게 생각하고 있는지 알고 싶네. 하지만 그보다 더 중요한 게 있지. 바로 자네 스스로 이 조건을 진지하게 받아들이고 있는지 알아야 한다는 걸세."

조는 고개를 천천히 끄덕였다.

"알 것 같습니다. 제가 선생님의 시간을 낭비하지 않을 거라는 걸 알고 싶으신 거죠. 공평하네요."

핀다가 웃었다.

"조, 마음 상하지 말게. 자네는 그럴 힘이 없다네."

조는 어리둥절했다.

"내 시간을 낭비할 힘 말일세. 그럴 수 있는 건 오직 나뿐이거든. 그리고 솔직히 그런 악습은 아주 오래전에 버렸다네. 내가 조건을 거는 이유는 자네가 자네의 시간을 낭비하는 걸 보고 싶지 않아서야."

고개를 숙이자 핀다가 내민 손이 보였다. 조는 그의 손을 잡고 세차게 흔들었다. 마치 영화 「인디아나 존스」에 버금갈 모험에라도 뛰어든 것처럼 온몸에 전율이 흘렀다. 그는 회장의 환한 미소에 똑같은 미소로 화답했다.

"그럼, 거래가 성사된 겁니다."

3

가치의 법칙

월요일 정오를 조금 앞둔 시각, 조는 거대한 석조 저택에 도착했다. 과연 오늘 무슨 일을 겪게 될지 너무나도 궁금했다. 조가 아는 거라곤 핀다와 그의 친구, 즉 엄청난 성공을 위한 첫 번째 법칙을 알려줄 부동산 거물을 만날 것이라는 사실뿐이었다.

조는 아직도 '준다'는 개념에 대해 감을 잡지 못하고 있었다. 과연 이 거래 비결이 그에게 도움이 될지도 알 수 없었다.

'분명한 건 핀다에게는 도움이 되었다는 거지.'

조는 생각에 잠겨 나무가 늘어선 진입로를 따라 현관 앞까지 차를 몰았다.

'저 사람은 성공을 발산해. 단순히 부자가 되는 게 아니라 돈보다 강력한 무언가를 갖고 있다고.'

주말 내내 생각해보았지만 아직도 그 '무언가'의 정체를 알 아내지는 못했다.

조의 차가 원형의 진입로를 돌아 돌계단 앞에 멈춰 섰을 때, 핀다는 현관문 앞에서 그를 기다리고 있었다. 시동을 끄려는 데 그가 조수석 문을 열고 훌쩍 올라탔다.

"자네 차로 움직여도 괜찮겠지? 약속시간에 늦으면 안 되니까 말이야."

지금 바로 출발한다고? 레이첼의 이름난 커피를 마시지 못하다니 이런!

그 순간 핀다가 안전벨트를 매며 뜨거운 김이 피어오르는 커다란 머그컵을 건넸다.

"가는 길에 마시게나."

20분 뒤 시내에 도착한 조와 핀다는 이아프라테 이탈리안 아메리칸 카페 앞에 차를 세웠다. 이름만 카페일 뿐 꽤 큰 규모의 풀 서비스 레스토랑은 손님들로 꽉 차 있었고 문 앞에는 차례를 기다리는 줄이 길게 늘어서 있었다.

건물로 막 들어가려는 순간, 한 남자가 북적이는 사람들을 보고 불평을 해대며 거칠게 밀고 지나가려다 핀다와 부딪혔다. 놀랍게도 핀다는 그 사람을 향해 미소를 지을 뿐, 아무런 말도 하지 않았다.

레스토랑 안으로 들어서자 지배인이 다가와 제일 안쪽 테이블로 두 사람을 안내했다.

'당연하지.'

조는 생각했다.

'핀다는 이 식당의 VIP일 테니까.'

"고맙네, 살."

핀다가 말하자 살이 인사를 하더니 조에게 윙크를 보냈다. 핀다가 모든 사람들에게 지나칠 정도로 친절하다는 인상을 받은 조는 자리에 앉자마자 그에 대해 물었다.

"사람들에게 친절해서 해로울 건 없지 않나."

핀다의 대답이었다.

"젊었을 때였지. 한 아가씨와 첫 데이트를 하러 그녀의 집으로 가고 있었네. 무척 긴장이 되더군. 그 집 거리로 막 들어섰는데 웬 중년 남자가 내 쪽으로 걸어왔어. 그러더니 내 머리에 자기 머리를 부딪치고 발까지 밟는 게 아닌가. 앞을 보지 않고 걸어가고 있었는지 당황한 말투로 다치지 않았냐고 묻더군. 그래서 아무렇지도 않으니 걱정 말라고 안심시켰지. '남들이 제 머리가 아주 단단하다고 하는데, 어르신이 다치지 않아 다행입니다'라고 말했더니 그 사람이 놀라서 웃더군. 나는 좋은 하루 보내라는 인사를 남기곤 여자친구를 만나러 달려 갔네. 여자친구 집에 도착한 지 15분쯤 됐을까, 현관문이 열리는 소리가 났어. '아빠!' 그녀가 외쳤지. '제 데이트 상대와 만나보셔야죠.'"

핀다가 말을 멈췄다. 그의 눈빛은 조가 이야기의 결말을 눈치 챘길 바라고 있었다. 조는 핀다의 기대에 부응하겠다는 듯이 싱긋 웃으며 말했다.

"어디 맞혀볼까요. 회장님과 부딪친 그 사람이었죠?"

"맞아."

핀다가 대답했다.

"그는 잠깐 가게에 다녀오는 길이었어. 딸에게 현명한 판단을 내렸다고 칭찬하더군. 내가 사려 깊고 예의 바른 젊은이라면서."

"그러니까, 결국 그 여자분과의 교제가 순조롭게 출발했다는 말씀이군요."

조는 말했다.

핀다가 큰 소리로 웃었다.

"사실 그랬다네. 이후로도 계속 그랬고. 그 아름다운 아가씨는 거의 50년 세월 동안 내 아내였거든. 어이, 어네스토!"

그는 테이블 쪽으로 다가오는 한 요리사에게 소리쳤다.

"본 조르노, 카로Buon giorno, caro."

핀다가 말했다.

풍채가 좋은 남자가 환하게 웃으며 자리에 앉았다.

"새 친구를 소개하려고?"

어네스토의 목소리에는 이탈리아 북부 지방의 시원스러운
억양이 남아 있었다.

"어네스토, 이 친구는 조야. 조, 어네스토일세."

젊은 웨이터가 메뉴판 두 개를 들고 다가왔다. 하지만 조와
핀다가 채 입을 열기도 전에 어네스토가 웨이터를 향해 이탈
리아어 단어들을 물 흐르듯 쏟아냈다. 웨이터는 아무 말 없이
재빨리 사라졌다.

"어네스토, 이 젊은 친구에게 자네가 이 나라에서 어떻게
출발했는지 말해주게."

핀다의 말에 어네스토는 조를 보며 말했다.

"핫도그."

조는 눈을 깜박였다.

"핫도그요?"

"내가 여기에 온 건…… 음, 20년도 더 된 이야기군."

어네스토가 이야기를 시작했다.

"난 아무것도 모르는 애송이였네. 수중에 있는 거라곤 핫도그를 팔 수레 한 대 살 돈과 권리금이 전부였고. 사실 생각해 보면 수레 값보다 권리금이 더 비쌌지."

핀다가 낄낄 웃었다. 오늘 이 만남의 주선자는 이 이야기를 여러 번 들은 게 분명했다.

"처음엔 힘들었어."

어네스토는 개의치 않고 말을 이었다.

"하지만 결국 단골들이 생기고 소문이 퍼졌지. 몇 년 뒤에 내 작은 핫도그 가판대는 그해 도시 최고의 명소를 소개하는 잡지에까지 실렸네."

요리사는 잠시 말을 멈추고 그릴 쪽을 돌아보았다.

"와, 정말입니까?"

조는 경탄했다.

"도시 최고의 핫도그 가판대라, 대단하네요."

핀다는 웃으며 상냥하게 조의 말을 바로잡았다.

"도시 최고의 야외 식사 체험일세."

겸손한 어네스토는 두 손을 들어 올리며 어깨를 으쓱했다.

"사람들이 나를 잘 봐준 거지."

"하지만……."

조가 더듬거리며 말했다.

"실례지만 어떻게 그렇게 하신 거죠? 어떻게 핫도그 가판대가 다른 멋진 노천카페들보다 장사가 잘 되는 거죠?"

어네스토는 인형극에 나오는 꼭두각시처럼 눈썹과 어깨를 동시에 움직이며 '그런 걸 누가 알겠냐?'고 말하는 듯 다시 한 번 크게 으쓱했다. 그는 핀다를 향해 한쪽 눈을 찡긋해 보였다.

"운이 좋았던 걸까?"

요리사는 다시 그릴 쪽을 돌아본 뒤 "잠시 실례Scusi uno momento"라고 말하며 자리를 떠났다.

"별난 사람이군요."

어네스토가 주방문을 열고 안으로 사라지는 모습을 보며 조가 말했다.

핀다도 동의했다.

"정말 그래. 어네스토는 여기 주방장이라네."

"정말입니까?"

조가 물었다.

"그럼."

핀다가 대답했다.

"사실은 이 레스토랑의 주인이지."

"아, 그래요?"

호기심이 더욱 커졌다.

이때 웨이터가 음식을 가져왔다. 핀다는 그에게 고맙다는 말을 하고 파르마 치즈가 들어간 가지 요리를 한 입 물었다. 핀다는 눈을 감고 맛에 취해 즐거운 신음 소리를 냈다.

"어네스토는 예술가야."

"맛있군요."

조도 동감했다. 더할 나위 없이 흡족한 식사에 몰두하고 있으려니 수전 생각이 났다. 수전을 여기 데려오면 참 좋아할 텐데. 1분 정도 두 남자는 말없이 먹기만 하다가 마침내 핀다가 다시 입을 열었다.

"사실 그는 이런 레스토랑을 여섯 개나 갖고 있다네. 수억 달러에 달하는 부동산도 소유하고 있지. 모두 핫도그 가판대에서 출발한 걸세."

조의 손에서 은 식기가 툭 떨어졌다. 그는 음식을 음미 중인 핀다를 바라보았다.

"오늘 우리가 만나려는 분이 저 사람인가요? 그 부동산 거물이 바로 저 사람입니까?"

어네스토가 다시 이쪽으로 다가오고 있었다. 핀다가 조에게 속삭였다.

"아주 쓸 만한 조언을 해줄 테니 잘 기억해두게. 겉모습에 현혹되지 말고."

그는 요리사에게 자리를 내주기 위해 옆으로 비켜 앉았다.

"겉모습은 언제나 사람을 속이거든."

어네스토가 핀다 옆으로 슬쩍 들어와 앉았다. 그 후 5분간, 핀다는 어네스토의 경력을 간략하게 말해주었다.

젊은 어네스토 이아프라테의 명성은 점점 높아졌고 마침내 몇몇 사업가들의 눈에 띄게 되었다. 그들은 일류 식당들을 마다하고 길가의 조그만 핫도그 가판대에서 점심을 해결했다.

어네스토는 자신에 대해 말하는 법이 거의 없었지만 단골 중 한 사람이(어네스토는 이 사람을 '연결사'라고 불렀다. 조는 나중에 이 정체불명의 사람에 대해 핀다에게 물어봐야겠다고 결심했다) 그가 요리사 출신임을 알게 되었다. 이후 이 젊은이의 예리한 사업 감각과 투철한 서비스 정신에 감동한 몇몇 사람들이 투자 모임을 결성해 그가 레스토랑을 열 수 있도록 자금을 대주었다.

핀다가 끼어들었다.

"그리고 몇 년도 지나지 않아 그의 작은 가게는 큰 성공을 거두었고 드디어 가게를 완전히 소유하게 되었지. 투자자들도 모두 상당한 수익을 얻었고."

어네스토는 거기서 멈추지 않았다. 그는 여러 곳에 지점을 내고 거기서 얻은 수익의 일부를 레스토랑 주변의 부동산에 투자했다. 수년 후 그는 이 도시에서 가장 큰 상업용 부동산 소유자 중 한 명이 되었다.

이야기를 듣는 동안 조는 처음에는 잘 드러나지 않지만 어네스토에게 또 하나의 내면이 있다는 사실을 알게 되었다. 유쾌하고 과장된 이탈리아 요리사 특유의 성격 이면에는 강력한 집중력과 계획성이 내재해 있었다. 왜 그때 사업가들이 어네스토의 미래에 기꺼이 투자했는지 이해할 수 있을 것 같았다.

핀다가 '체험'이란 단어를 강조한 이유도 이제야 알 수 있었다. 어네스토의 가게가 단숨에 인기를 끌 수 있었던 까닭은 핫도그 자체가 아니라 핫도그를 파는 사람에게 있었다. 음식이 아니라 음식을 먹으면서 겪는 체험이 중요했다. 어네스토는 핫도그를 사먹는 일이 잊을 수 없는 추억이 되도록 만들었던 것이다.

핀다는 '특히 어린아이들에게'라고 콕 찍었다.

"난 항상 아이들의 이름을 잘 기억했지."

어네스토가 설명했다.

"아이들 생일도."

핀다가 말을 이었다.

"좋아하는 색깔, 만화 주인공, 가장 친한 친구 이름까지."

핀다는 조를 쳐다보며 단어에 힘을 주어 말했다.

"그 외 많은 것들도."

어네스토가 어깨를 으쓱했다. 그 모습은 그의 또 다른 트레이드 마크였다.

"뭐랄까? 난 그냥 애들이 좋아."

아이들이 조그만 핫도그 가판대로 부모를 끌고 오기 시작했다. 그 부모들은 곧 그들의 친구들을 데려왔다. 어네스토는 아이들이 좋아하는 것들을 기억하는 만큼 어른들의 관심사를 기억하는 데에도 탁월했다.

"사람들은 모두 인정받길 원하지."

어네스토가 말했다.

"어떤 사업에든 적용할 수 있는 황금률이야."

핀다가 덧붙였다.

"모두가 똑같아."

어네스토가 그의 말을 받았다.

"사람들은 자신이 잘 알고, 좋아하고, 믿는 사람들에게 사업을 제안하고 거래하지."

어네스토는 고개를 돌려 조를 보았다.

"말해보게. 좋은 레스토랑과 훌륭한 레스토랑의 차이를 구분하는 기준이란 뭔가? 어째서 어떤 레스토랑은 그저 그런 성공을 거두고 우리 레스토랑 같은 몇몇은 엄청난 성공을 거두는 걸까?"

"당연히 음식 때문이겠죠."

조는 주저하지 않고 대답했다.

어네스토의 기분 좋은 웃음이 식당을 울렸다. 몇몇 사람들이 고개를 돌렸고 연못의 파문처럼 웃음의 파문이 실내로 퍼져 나갔다.

"허허, 미식가로군! 우리 집 음식이 훌륭한 건 맞지만 이 정도 맛을 내는 식당은 세 블록 안에 여섯 군데나 된다네. 그런데 손님들이 제일 많은 날이라고 해봤자 우리 식당의 절반 정도 되면 운이 좋은 거야. 그 이유가 뭐라고 생각하나?"

조는 말문이 막혔다.

"수준 미달의 레스토랑은 고객이 지불하는 돈만큼만 음식과 서비스를 대접한다네."

어네스토가 말했다.

"양적으로든 질적으로든 말이야. 그리고 좋은 레스토랑은 그 돈으로 가능한 최상의 양과 질을 대접하려고 노력하지. 하지만 훌륭한 레스토랑은, 아아, 훌륭한 레스토랑은 그런 상상을 초월하는 거야! 그들의 목표는 돈의 액수를 넘어서는 고품

격 음식과 서비스를 제공하는 거라네."

그는 핀다에게 시선을 보내더니 다시 조를 바라보았다.

"올드맨이 자네에게 다섯 가지 법칙을 알려주겠다고 했나?"

조는 열심히 고개를 끄덕였다. 이제 그는 엄청난 성공에 이르는 첫 번째 법칙을 배울 참이었다.

어네스토는 다시 핀다를 쳐다보았다.

"내가 말할까?"

"좋지."

핀다가 대답했다.

어네스토는 조를 향해 몸을 기울이며 비밀 이야기를 하듯 속삭였다.

"당신의 진정한 가치는 자신이 받는 대가보다 얼마나 많은 가치를 제공하느냐에 따라 결정된다."

조는 뭐라고 대답해야 할지 알 수 없었다. 자기가 받는 대가보다 많은 가치를 주라고? 그것이 이 사람들의 대단한 비결이란 말이야?

"죄송합니다만…… 이해가 안 되는군요."

조는 솔직하게 말했다.

"말씀의 취지는 알겠습니다. 분명히…… 놀라운 이야기예요. 하지만 솔직히 말해서 파산을 야기하는 조리법같이 들리는데요! 돈 버는 법을 피해가려고 발버둥을 치는 것 같습니다."

"절대로 그렇지 않아."

어네스토가 검지를 흔들었다.

"'돈이 되는가?'라는 질문은 나쁜 게 아니지. 훌륭한 질문이야. 다만 첫 번째 질문이어선 안 돼. 잘못된 방향으로 출발하게 만들기 때문일세."

그는 조에게 잠시 생각할 시간을 주고는 다시 말을 이었다.

"첫 번째 질문은 이걸세. '다른 사람을 만족시키는가? 그들에게 가치를 더해주는가?' 대답이 긍정이라면 계속 전진하게. '돈이 되나?'라는 질문은 그 다음에 묻는 걸세."

"달리 표현하자면 이거군요."

조가 말했다.

"사람들의 기대를 넘어서라. 그러면 그들은 더 많이 돌려줄 것이다."

"그렇게도 볼 수 있지."

어네스토가 대답했다.

"하지만 핵심은 그들이 더 많이 돌려주게 만드는 게 아니야. 자네가 더 많이 주는 게 중요하지. 주고, 주고, 또 주는 거야. 어째서 그래야 하냐고?"

그가 또 어깨를 으쓱했다.

"그러고 싶으니까. 그건 전략 따위가 아니야. 살아가는 방식이지."

그는 환한 미소를 지으며 이렇게 덧붙였다.

"그리고 그렇게 하면 아주 유익한 돈벌이가 되는 것들이 생기기 시작한다네."

"잠깐만요. 돈벌이가 되기 시작한다고요? 방금은 결과에 대해 생각하지 말라고 하셨잖습니까."

"맞아."

어네스토가 말했다.

"생각하지 말아야지. 그렇다고 그런 유익한 일들이 일어나지 않는다는 뜻은 아니거든!"

"일어나고말고."

핀다가 끼어들었다.

"세상의 모든 위대한 부는 모두 타인에게서 무언가를 얻는 것보다 자기가 가진 것, 즉 재화나 서비스 혹은 아이디어를 베푸는 데 더 큰 열정을 가진 이들이 이룩한 것이라네. 반면에 주는 것보다 얻는 데 열심인 사람들은 위대한 부의 대부분을 탕진해버렸지."

조는 방금 들은 이야기들을 곱씹어 보았다. 적어도 이 두 남
자의 이야기를 듣고 있는 동안에는 일리가 있어 보였다. 그러나
아무리 생각해도 지금껏 자신이 겪어온 인생 경험과는 맞지 않
는 것 같았다.

"조금 어렵군요. 이걸 어떻게 생각해야 할지⋯⋯."

"아."

핀다가 검지를 들어올리며 조의 말을 잘랐다.

조의 얼굴이 창백해졌다.

"왜, 왜 그러시죠?"

어네스토가 싱긋 웃더니 조에게 몸을 기울이며 말했다.

"이 사람이 말해주지 않던가? 그⋯⋯ 조건 말일세."

조는 순간적으로 어리둥절했지만 무엇을 말하는지 금방 알
아들었다.

"아, 예, 그 조건 말이지요."

핀다가 미소를 지었다.

"생각이 아니라 행동을 하게. 내가 내건 조건은 바로 행동
을 하라는 거야."

한숨이 나왔다.

"그렇죠."

조는 이 말을 반복했다.

"적용할 방법을 찾아야겠지요."

그는 두 남자를 보며 이렇게 덧붙였다.

"안 그러면 호박으로 변해버릴 테니까요."

두 사람은 쾌활한 표정으로 조를 격려해주었다.

조 역시 얼굴에 긴장이 풀리며 미소가 번지는 것을 느꼈다. 그 순간만큼은 조의 머릿속에도 권력과 영향력에 대한 은밀한 탐색 같은 것은 사라지고 없었다.

핀다는 벌써 자리에서 일어나 있었다.

"우린 그만 가봐야겠네. 이 젊은이도 슬슬 직장으로 돌아가야지."

"내일은 누굴 만나나?"

어네스토가 조에게 물었다.

조는 핀다를 바라보았다.

"내일은 우리의 선한 천재, 그 CEO야."

핀다가 말했다.

"아아."

어네스토가 고개를 끄덕였다.

"그 CEO 말이로군. 좋아. 아주 좋아. 귀를 크게 열어두게, 젊은이."

'CEO라!'

조는 그 사람은 또 누구일까 열심히 추측하기 시작하며 자리에서 일어섰다.

가치의 법칙

당신의 진정한 가치는 자신이 받는 대가보다
얼마나 많은 가치를 제공하느냐에 따라 결정된다.

4

반드시 지켜야 할 조건

조는 핀다를 집에 내려준 후, 사무실로 돌아왔다. 머리가 빙빙 도는 것 같았다. 그는 점심시간에 있었던 일을 떠올리며 어네스토의 이야기 속에 있는 미스터리를 풀어보려고 했다. 열쇠가 거기 있는 게 분명한데, 어찌된 일인지 보이지 않았다.

엄청난 성공을 위한 이 법칙은 워런 버핏Warren Buffett이 아니라 동네 아저씨에게서 주워들을 법한 이야기에 가까웠다. 적어도 지금까지는 그랬다.

주고, 주고, 또 주어라. 왜? 그러고 싶으니까. 전략이 아니라 삶의 방식이므로.

한편 마음 한구석에는 또 다른 고민거리가 그를 괴롭히고 있었다. 평소처럼 업무를 진행하려고 자리에 앉는 순간, 비로소 그는 이 끈질긴 골칫거리의 정체를 깨달았다.

권력과 영향력, 3/4분기 목표량!

조는 이번 주 금요일이 되기 전에 BK 계약을 유치할 방법을 반드시 찾아내야 했다. 이 목표를 이루는 데 핀다와의 상담이 도움이 되고 있는가? 조는 토요일에 있었던 핀다와의 첫 만남을 떠올렸다.

그리고 신음하듯 한마디를 토했다.

"조건."

조는 행여 누군가 그의 신음 소리나 생각을 눈치챘을까 봐 주위를 둘러보았다. 그는 오늘이 가기 전에 가치의 법칙을 적용해야만 했다. 하지만 어떻게?

그때 책상 위 전화가 울렸다. 조는 재빨리 전화기를 집어들었다.

"이봐, 조! 나야. 짐 갤로웨이."

어딘가 미안한 목소리에 조의 심장이 덜컥 내려앉았다. 갤로웨이는 조가 가끔 함께 일하는 변호사로 수전과 그의 아내까지 네 사람이 테니스를 친 적도 많았다. 그의 목소리 톤으로 미루어 조는 짐이 왜 전화를 했는지 짐작할 수 있었다. 그는 조의 회사와 짐이 대리하는 다국적 기업의 계약을 갱신하는 데 실패했다는 소식을 전해주려는 것이다.

"미안하네, 친구. 나도 노력했어. 하지만 해외에 더 강력한 연줄을 가진 인물이 필요하다는군. 방금 회사와 통화를 마쳤네. 어쩔 수 없었어."

처음에는 BK 건이더니 이번에는! 조는 목소리에 실망감이 배지 않도록 안간힘을 쓰며 말했다.

"괜찮네. 짐. 다음에 기회가 또 있겠지."

조는 전화를 끊으려다가 다시 수화기를 귀에 재빨리 가져다대고 말했다.

"이봐, 짐!"

잠시 기다리자 짐의 목소리가 들렸다.

"조! 왜 그러나?"

"음, 잠깐만 기다리게."

조는 팔을 뻗어 책상 맨 아래 서랍을 열었다. 거기에는 그가 전략적으로 모아놓은 경쟁자들의 명함 파일이 보관되어 있었다. 조는 이 명함 소유자들의 코를 납작하게 만드는 일을 자신의 기본 사명으로 생각하고 있었다. 파일을 뒤적이던 그는 마침내 원하던 명함을 발견했다.

조는 명함을 물끄러미 바라보며 생각했다.

'더 많은 가치를 주란 말이지? 좋아, 안 될지도 모르지만 한 번 해보자고.'

"짐? 이 사람이 괜찮을 거야. 에드 반즈. B-A-R-N-E-S. 해외 쪽에 아주 강하다고 들었어. …… 그래. 경쟁자 맞아. 그냥 그 사람이 나보다 더 도움이 될 것 같아서 말이야."

조는 자신의 입에서 나오는 말을 들으며 웃어야 할지 울어야 할지 알 수 없었다.

"아니, 나한테 신세진 게 아니야. 잘되기를 바랄 뿐이네. 이번에 우리가 도움을 주지 못해 정말 유감이야."

조는 통화를 끝낸 뒤 전화기를 팽개치듯 책상 위에 내려놓았다. 그는 방금 자신이 한 일을 믿을 수가 없다는 표정으로 전화기를 뚫어져라 바라보았다.

"이 작자에게 제대로 한 방 먹었으면서 다른 사람을 추천까지 해줘?"

조는 중얼거렸다.

"경쟁자한테 좋은 건수까지 던져주다니!"

그러다 문득 고개를 들었다. 거스가 사무실 문 앞에서 그를 보고 있었다. 눈이 마주치자 거스가 미소를 지으며 고개를 끄덕였다.

조도 고개를 끄덕이고는 서류에 고개를 파묻었다.

5

보상의 법칙

　　다음 날 정오, 조는 러닝시스템스 포 칠드런 주식회사Learning Systems for Children, LSC를 찾아갔다. 정정해 보이는 60대 후반의 여자가 안내 데스크에서 그를 맞이했다. 데스크 위의 커다란 구리 명판에는 '마지'라는 이름만 새겨져 있었다.

　　"CEO를 만나러 오셨어요?"

　　그녀는 하이톤으로 재잘거리며 대답을 기다리지도 않고 손을 내밀었다.

　　"마지라고 하우."

　　"안녕하십니까."

　　조는 마지의 손을 맞잡고 흔들었다. 그는 핀다를 찾아 초조

하게 주위를 두리번거렸다.

"제가 너무 일찍 왔나요?"

"아, 당신 친구 핀다 씨 말이우? 곧 올 거라고 전화 메시지를 남겼다오. 걱정 말고 기다려요. 회의실로 바로 데려다줄 테니까. 니콜이 당신을 보러 금방 올 거유. 뭐 마실 거라도 한 잔 갖고 말이오…… 조!"

우연히 뱉어낸 우스개에 그녀는 웃음을 터뜨렸다.

조는 그녀의 뒤를 따라 밝은 조명이 비추는 복도를 걸었다. 마지가 회의실 문을 열자 그는 한 걸음 안으로 내딛었다. 그러나 곧 자신도 모르게 그 자리에 멈춰 서고 말았다. 이게 도대체 무슨 일이야?

그곳은 조가 지금까지 보아왔던 회의실과는 전혀 달랐다.

조는 마호가니 나무로 만든 기다란 회의용 테이블을 기대했다. 광택이 날 정도로 잘 닦이고, 원격 회의용 통신기기가 설치된 테이블이 놓인 깔끔한 회의실 말이다. 그러나 방 안에는 작은 나무 탁자들이 일렬로 늘어서 있었다. 탁자마다 찰흙통, 온갖 색상의 파이프 클리너, 색도화지 더미, 끝없이 널린 크레용들로 엉망이었다. 벽을 따라 한 줄로 늘어선 어린이용 이젤들은 핑거페인팅(손가락으로 그린 그림)으로 뒤덮여 있었고 벽에는 더 많은 작품들이 걸려 있었다.

하지만 조를 정말 놀라게 한 것은 회의실의 인테리어가 아니었다. 바로 방 안 가득한 소란스러움과 야단법석이었다.

회의실 안에는 20대 후반에서 60대 초반까지 다양한 연령대의 사람들 열댓 명이 모여 웃고 떠들고 있었다. 모두들 뭔가에 열중하고 있었는데, 조의 눈에는 지나치게 흥분해서 방을 엉망으로 만들고 있는 것처럼 보였다. 진흙 덩어리를 주무르는 사람, 이젤 앞에서 손가락으로 물감을 칠하는 사람. 요릭의 해골을 살피는 햄릿처럼 심각한 표정으로 엉킨 파이프 클리너들을 손에 들고 쳐다보는 여자까지.

조는 입을 쩍 벌렸다. 그는 갑자기 격을 갖춘 비즈니스 세계에서 빠져나와 시간을 거슬러 어느 유치원 교실에 떨어져 있었다.

"이런."

마지는 눈도 깜박하지 않고 다시 문을 닫더니 다음 방을 향해 홀을 따라 걸으며 조에게 따라오라는 손짓을 했다.

"다른 회의실인가보우."

마지가 문을 열고 조를 들여보낸 뒤 다시 문을 닫을 때에야 조는 멍하니 감사하다는 말을 우물거릴 수 있었다.

그는 곧 방금 본 것과 비슷한 방에 홀로 서 있음을 알아차렸다. 조는 방 한가운데로 천천히 걸어갔다. 벽을 뒤덮은 미술

작품에서 나오는 완전한 충일감과 한없는 에너지가 경탄스러
웠다.

방문이 딸각하며 부드럽게 열렸다. 뒤를 돌아보자 젊은 여
성이 조를 향해 미소를 지었다. 조는 김이 피어오르는 익숙한
향을 맡고서야 그녀가 유리 주전자에 프렌치 프레스 커피를
가져왔다는 것을 알았다.

"안녕하세요, 니콜이에요."

선글라스를 끼고 싶을 만큼 환한 미소가 반짝였다.

"당신이 조인가요?"

조가 고개를 끄덕였다.

"핀다가 2분이면 도착한다고 전화했어요. 기다리는 동안 커
피 좀 드시겠어요? 아마 이렇게 맛있는 커피는 처음일걸요."

"네, 그러죠."

조는 마침내 다시 그의 목소리를 찾았다.

"감사합니다."

니콜이 커피를 컵에 따르기 시작하자 그는 방을 둘러보며
물었다.

"정말로 제가 CEO와 만나는 건가요?"

"그렇게 들었어요."

니콜이 대답했다.

"네, 그러니까 제 말은, 정말로 여기 이 방에서 만나는 겁니까?"

그녀가 천천히 둘러보았다.

"좀 다르죠?"

"조금요."

조가 말했다.

"기발하네요."

"고마워요."

그녀의 말에 조는 놀란 눈으로 그녀를 바라보았다.

"이 방과 무슨 관계라도 있는 겁니까?"

그녀가 방 안을 둘러보았다. 작은 것 하나까지 세세히 살피는 모습이었다.

"제가 설계를 제안했고 내부 장식도 전부 맡았답니다."

"어, 아이가 있나 보군요?"

꿀처럼 달콤한 웃음이 흘러나왔다.

"아이가 있냐고요? 아마 수백만 명은 될걸요."

조의 표정을 보고 그녀가 다시 웃음을 터뜨렸다.

"전 여기서 일하기 전에 초등학교 선생님이었어요."

조는 다시금 벽과 그 위의 그림들을 바라보았다.

니콜이 미소를 지었다.

"안 믿으실지도 모르지만 실제로 어른들이 이 방에서 회의를 한답니다. 그리고 많은 것을 얻어가죠. 온갖 생각에 사로잡힌 어른들에게 핑거페인팅이나 찰흙 조형이 어떤 힘을 발휘하는지, 제가 말해도 믿지 못하실 거예요."

"어쩌면요."

조가 말했다. 그는 옆방을 향해 고갯짓을 했다.

"그럼 저 방은?"

조는 질문을 마무리할 말을 찾느라 고심했다.

"음…… 포커스 그룹이나 다른 비슷한 모임인가요? 아니면 학부모 모임?"

니콜이 싱긋 웃었다.

"우리 회사 마케팅 책임자들이에요. 해외 시장 판로를 열기 위해 아이디어 회의를 하고 있답니다."

'마케팅 책임자들?'

뭔가를 더 묻기 전에 조용히 문이 열리더니 이야기꾼의 따스하고 익숙한 목소리가 들려왔다.

"안녕들 하신가?"

핀다가 방으로 들어섰다. 그는 니콜을 향해 걸어가 다정하게 그녀의 손을 잡았다.

"니콜! 내 젊은 친구를 만날 시간을 내주어서 정말 고맙네.

이 친구에게 선한 천재와 상담할 필요가 있다고 얘기했거든."

니콜은 얼굴을 붉혔다.

선한 천재? 조는 최선을 다해 놀라움을 감추었다. 그는 이미 그 CEO와 얘기를 나누고 있었던 것이다.

"니콜, 내 친구 조를 소개하네. 조, 이쪽은 니콜 마틴일세. 니콜은 우리나라에서 가장 성공한 교육 소프트웨어 회사 중 하나를 경영하고 있지."

"하지만, 하지만 당신은 너무 젊은데요!"

이런 말을 하는 자신이 바보 같다는 느낌이 들었지만 니콜은 정말 조의 또래 정도로밖에 보이지 않았다.

"제 고객들만큼 어리진 않죠."

니콜이 미소로 답했다.

핀다가 키 작은 나무 탁자 앞에 앉더니 자신이 가져온 커다란 종이봉투를 뒤적이기 시작했다.

"우리 회사는 미국, 캐나다를 포함해서 13개국의 학교를 대상으로 학습 프로그램 시리즈를 판매하고 있답니다."

니콜이 설명했다.

"하지만 걱정 마세요."

그녀가 예의 눈부신 미소를 반짝이며 덧붙였다.

"최근 들어 정말 크게 성장하고 있거든요."

니콜이 말하는 동안 핀다는 봉투에서 정성껏 포장한 샌드위치 세 개를 꺼냈다. 작은 생수병 세 개가 뒤를 이었다.

"자, 소년 소녀 여러분!"

핀다가 큰 소리로 알렸다.

"점심시간입니다!"

조는 핀다가 가져온 점심을 우물거리며 LSC와 이 회사의 설립자인 니콜 마틴의 내력을 들었다.

니콜은 유능한 초등학교 선생님이었다. 학부모들은 그녀의 교수법을 좋아했고 학생들 역시 그녀를 좋아했다. 하지만 니콜은 행복하지 않았다. 그녀는 학생들에게 오직 암기하는 방법, 주어진 문제에 답하는 방법만 가르치는 제도에 억압되어 숨이 막혔다.

니콜은 아이들의 창조성과 지적 호기심을 이끌어내는 게임들을 만들어냈다. 자신의 발명이 어린이들이 배우고 성장하는 데 도움이 된다는 사실을 알게 된 그녀는 흥분과 전율에 휩싸였다. 하지만 곧, 한 번에 겨우 20~25명가량의 아이들만 도울 수 있다는 사실에 좌절감을 느꼈다. 게다가 교사 봉급만으로는 살아가기가 힘들었다.

"엄청난 성공에 이르는 첫 번째 법칙에 대해서는 이미 알고 있죠?"

니콜이 조에게 물었다.

"당신의 진정한 가치는 자신이 받는 대가보다 얼마나 많은 가치를 제공하느냐에 따라 결정된다."

조가 대답했다.

"아주 잘했어요. 자, 여기 황금별을 드릴게요. 하지만 그것만으로 당신이 받는 보상이 늘어나지는 않아요."

조는 그 말을 듣고는 안심했다. 바로 전날, 어네스토에게서 이 법칙을 들었을 때 그 역시 똑같은 생각을 했던 것이다.

"첫 번째 법칙은 당신이 얼마나 가치 있는 사람인지를 결정해요."

니콜은 말을 이었다.

"달리 말하면 성공 가능성, 즉 미래에 얼마나 많이 얻을 수 있느냐는 가능성과 관련이 있지요. 하지만 현재 당신이 얼마만큼 얻을 것인지를 결정하는 것은 바로 두 번째 법칙이에요."

어느 날 니콜은 한 학부모와 면담을 하던 도중 아이들이 자신이 개발한 게임들을 무척 좋아하며 그로부터 많은 도움을 받는다는 사실을 털어놓았다. 면담 대상 아이의 아버지는 소프트웨어 기술자였고 니콜은 그에게 앞서 말한 게임들을 컴

퓨터 프로그램으로 만들 수 있을지 검토해달라고 부탁했다. 물론 합당한 비용을 지불한다는 조건이었다. 그는 니콜의 제안을 받아들였다.

다음 주, 니콜은 다시 그 소프트웨어 전문가를 만났다. 이번에는 소규모 마케팅 홍보업체를 운영하는 다른 학생의 어머니와 함께였다. 며칠 후 세 사람은 함께 회사를 설립했다.

니콜은 친구의 친구를 통해 간신히 초기 투자 자본의 상당액을 모을 수 있었다. 그녀는 이 사람을 그저 '연결사'(조는 '또 연결사야!'라고 속으로 생각했다. 그리고 이번에는 잊지 않고 꼭 핀다에게 물어봐야겠다고 결심했다)라고만 불렀다. 수년 만에 풋내기 교육 소프트웨어 회사는 국내 판매 및 수출액을 포함해 2억 달러 이상의 연매출을 기록했다. LSC의 CEO이자 설립자로서 니콜은 전국의 학교, 홈스쿨링 기관 및 교육 연구자들을 위한 자문 활동에도 적극적으로 나서고 있었다.

"우리는 LSC로부터 직·간접적 영향을 받는 아이들의 수가 2000~2500만 명에 이른다고 보고 있습니다."

니콜이 말했다.

"간단히 말해 두 번째 법칙, 즉 보상의 법칙은 이겁니다."

"당신의 수입은 얼마나 많은 사람에게 도움이 되고, 그 도움이 그들에게 얼마나 효과적이냐에 따라 결정된다."

그녀는 잠시 말을 멈추고 나서 곧 덧붙였다.

"달리 표현하자면, 당신이 받는 보상은 당신이 얼마나 많은 사람에게 긍정적인 영향을 미치는지에 정확히 비례한다고 할 수 있겠군요."

니콜은 자리에 앉아 조용히 점심식사를 마쳤다. 조는 두 번째 법칙을 곰곰이 생각해보았다. 잠시 침묵이 흐른 뒤, 그가 말했다.

"항상 불공평하다고 생각했습니다. 유명 영화배우나 운동선수가 어마어마한 수입을 벌어들이거나 기업의 설립자나 CEO들이 그처럼 막대한 재산을 쌓는다는 사실 말입니다. 제 말에 기분 나빠하진 마시고요."

그는 서둘러 덧붙였다.

니콜은 상냥하게 고개를 끄덕이며 계속하라고 손짓했다.

"학교 선생님처럼 훌륭한 일, 고귀한 일을 하는 사람들은 그들의 가치만큼 대우를 받지 못합니다. 보상은 언제나 아무런 원칙도 없이 주어지는 것 같았어요. 그런데 당신 얘기에 의하면 그건 사람들의 가치와는 무관하다는 거군요. 결국은 영향력의 문제라는 거죠?"

순간, 니콜과 핀다는 조가 두 번째 법칙을 이렇게 빨리 움켜
쥔 것에 기뻐하며 승리의 시선을 교환했다.

"바로 그거예요!"

니콜이 외쳤다.

"그리고 거기에는 두 가지 놀라운 사실이 있어요. 첫째, 당
신 자신이 보상의 수준을 결정해야 한다는 거예요. 모든 건 당
신에게 달렸어요. 더 큰 성공을 원할수록 더 많은 사람에게 봉
사할 방법을 찾아야 합니다. 아주 간단해요."

잠시 생각해본 조는 고개를 끄덕였다.

"그럼 다른 하나는 뭐죠?"

"당신이 얻을 수 있는 것에는 한계가 없다는 점이죠. 언제
든 봉사하고 도와줄 사람들을 찾을 수 있거든요. 마틴 루터 킹
Martin Luther King 목사는 이렇게 말했죠. '누구나 위대해질 수 있
다. 누구나 봉사할 수 있기 때문이다.' 이 말을 달리 표현해볼
게요. '모든 사람은 성공할 수 있다. 왜냐하면 누구나 줄 수 있
기 때문이다.'"

조를 주시하고 있던 핀다가 입을 열었다.

"질문을 하고 싶은 모양이군."

조는 고개를 끄덕이며 니콜에게 물었다.

"소프트웨어 기술자와 마케팅을 맡은 학부모를 처음 만났을 때가 궁금합니다. 그들이 당신의 아이디어를 갖고 도망갈지도 모른다는 생각은 안 들었나요?"

니콜은 어리둥절한 표정이었다.

"도망가다니요?"

"훔친다는 뜻입니다. 아이디어만 훔치고 당신은 그림에서 빼버린다는 뜻이죠."

니콜은 미소를 지었다.

"사실대로 말하자면, 그런 생각은 전혀 해본 적 없어요. 우리가 앞으로 좋은 일을 얼마나 많이 할 수 있을까에 대해서만 생각했죠."

잠시 생각에 잠겨 있던 그녀는 옅은 웃음을 보이며 말했다.

"하지만 난 아주 흥미로운 적응기간을 거쳤어요. 그리고 바로 그때 보상의 법칙을 진정으로 이해하기 시작했고요. 이 사업이 얼마만큼 커질 수 있는지 깨닫자 나는 거의 모든 걸 거부하기 시작했어요. 갑자기 모든 게 불안해지더군요."

"왜요? 일이 당신 손을 벗어나 엉망진창이 될 것 같아서요?"

니콜은 웃었다.

"아니요, 정반대였어요. 내 손이 미치지 못할 정도로 성공할까 봐 두려웠어요. 난 세상에 두 부류의 사람이 있다고 믿으며 자랐어요. 부자 되는 사람 따로 있고 착한 일 하는 사람 따로 있다고요. 그런 가치관에 의하면 사람은 반드시 둘 중 한쪽에 속하지 둘 다가 될 수는 없거든요. 부자가 되는 사람은 자신 외에 모든 사람을 이용하죠. 경찰이나 간호사, 자원봉사자 그리고 물론 선생님처럼 타인을 진정으로 배려하고 봉사하는 사람들은 선하지만 절대 부유해질 수 없어요. 모순이라고 할 수 있죠. 적어도 난 그렇게 믿으며 자랐어요."

조는 그녀의 이야기에 빠져들었다.

"그래서 어떤 일이 벌어졌죠?"

"난 내 사업 파트너들이 얼마나 열심히 일하는지 지켜봤어요. 그리고 우리가 얼마나 많은 아이들의 삶을 변화시키고 있는지 알게 되었죠. 내 오래된 가치관은 걸림돌밖에 되지 못한다는 걸 깨달았어요. 다른 사람들에게 전혀 도움이 되지 못하더군요. 그래서 내 생각을 바꾸기로 결심했지요."

"그냥 그런 결심을 했다고요?"

조가 물었다.

"네."

"어, 당신은 마음만 먹으면 그럴 수 있나요?"

"누구나 그래요."

조의 미심쩍어하는 표정을 보고 니콜이 살짝 웃었다.

"이야기를 만들어본 적이 있나요?"

조는 자신이 서 있는 놀이방 겸 회의실을 흘긋 둘러보았다. 순간, 유치원 시절이 떠올라 웃음이 나왔다.

"옛날에는 해봤죠. 아주 많이."

"당신의 삶도 마찬가지예요. 당신이 만드는 거예요. 파산하건 부자가 되건 모두 자신이 결심한 결과죠. 자기 스스로 만드는 거예요. 바로 이곳에서요."

니콜은 손가락으로 자신의 관자놀이를 두드렸다.

"모든 건 여기를 어떻게 활용하느냐에 달렸어요."

조는 지난 주 토요일 아침에 핀다와 나눈 대화를 다시 떠올렸다. 집중하면 얻을 것이다.

그때 바로 옆 회의실에서 와아! 하는 커다란 탄성이 들렸다. 뒤이어 환호성이 울리더니 사람들의 웃음소리와 박수 소리가 여기저기서 터져나왔다.

니콜이 미소 지었다.

"마침내 새로운 아시아 태평양 지역 마케팅 계획을 완성했나보군요."

핀다가 일어나 샌드위치 포장지와 빈 병을 주웠다. 어느새 조는 니콜과 악수를 하며 시간을 내주어 고맙다는 인사를 하고 있었다.

"내일 일정은 뭔가요, 조?"

조는 핀다를 돌아보았다.

"내일은 샘을 방문할 예정이라네."

핀다가 말했다.

"아, 샘을 만나면 좋아하게 될 거예요."

니콜이 조에게 말했다.

"샘은 니콜의 제1 재정 담당 고문이지."

핀다가 설명했다.

"내 고문이기도 하고."

핀다가 니콜을 껴안으며 작별 인사를 하는 동안 조는 방 안을 다시 한 번 둘러보았다. 이젤과 핑거페인팅, 찰흙과 도화지 그리고 유치원생을 위한 자잘한 도구들을 살펴보고 있으려니 갑자기 어떤 생각이 머리를 강타했다.

'이야기story를 짜는 거로군.'

그는 생각에 잠겼다.

'그들은 이 방에 앉아 이야기를 만들어. 그 이야기를 그림으로 그리고 모형으로 만들어 세상에서 그 이야기가 이루어지도록 하는 거라고. 2억 달러의 가치를 만드는 거야!'

보상의 법칙

당신의 수입은 얼마나 많은 사람에게 도움이 되고
그 도움이 그들에게 얼마나 효과적이냐에 따라 결정된다.

6

커피 한 잔의 힘

조가 핀다를 집으로 데려다주는 사이, 두 사람은 한마디도 하지 않았다. 핀다는 혼자만의 생각에 빠진 조를 내버려둔 채 차창 밖으로 지나가는 풍경을 구경하는 데에만 열중하는 듯했다.

어네스토와 점심을 마친 후 그랬던 것처럼 이번에도 조는 니콜 마틴과 나눈 대화를 되짚어보며 그녀의 말을 이해해보려고 애썼다.

그녀가 젊은 나이에 그토록 놀라운 성공에 이를 수 있었던 비결은 무엇일까? 그녀가 보상의 법칙이라 부르는 것만큼이나 단순할까?

조가 핀다의 저택 앞에 차를 세웠을 때, 현관 앞에 레이첼이 작은 꾸러미 하나를 들고 서 있는 게 보였다. 핀다가 차에서 내렸다. 조는 창문을 열고 몸을 내밀어 레이첼에게 반갑게 인사했다.

"점심식사 맛있었어요, 레이첼! 정말 고맙습니다."

레이첼이 차로 다가와 꾸러미를 조에게 건넸다.

"천만에요."

꾸러미에서 피어오르는 향긋한 내음이 안에 무엇이 담겨 있는지 알려주었다. 조를 위해 금방 갈아온 레이첼의 이름난 커피 한 파운드였다.

사무실로 돌아오는 차 안에서 조는 니콜 마틴에 대해, 유치원식 회의실에서 만난 CEO에 대해 생각해보았다. 그리고 대체 어떻게 해야 오늘 안에 보상의 법칙을 적용할 수 있을지 궁리했다. 클레이슨힐 신탁회사가 있는 7층까지 그를 올려다줄 엘리베이터의 버튼을 누르면서도 그는 여전히 이런 고민에 빠져 있었다.

그날 오후, 멜라니 매튜스는 의자에 파묻혀 분기 마감 보고서를 작성하는 데 몰두하고 있었다. 순간 뭐라 형용할 수 없을 만큼 기분 좋은 향이 사무실 가득 퍼졌다. 놀라서 고개를 쳐들었을 때, 그녀는 다시 한 번 깜짝 놀랐다. 조가 연기가 모락모락 올라오는 커피 한 잔을 들고 그녀 앞에 서 있었다.

"우유와 크림을 반반씩 조금만, 그리고 설탕 한 스푼. 맞지?"

조가 컵을 조심스럽게 그녀의 책상에 내려놓으며 말했다.

조에게 말한 적이 있는지 잘 기억은 안 나지만 멜라니는 확실히 그렇게 마시는 커피를 좋아했다. 게다가 이 끝내주는 향이라니! 멜라니는 조에게 고맙다고 말하고는 커피를 한 모금 마셨다.

지금까지 맛본 것 중 단연 최고의 커피였다.

조는 그 후 30분 동안 7층 직원 모두에게 뜨겁고 맛있는 커피를 한 잔씩 선사했다. 그중에는 잘 알고 지내는 사람도, 어렴풋이 아는 사람도, 처음 보는 사람도 있었다. 그러나 그의 커피 선물에 놀라고 기뻐한다는 점에서는 모두 똑같았다. 3/4분기 마감을 앞두고 산더미 같은 일에 치여 사투를 벌이고 있는 지금, 이 젊은 활동가가 자기 시간을 들여 신선한 커피를 대접하고 있으니 말이다. 한두 명은 고개를 끄덕여 감사의 뜻을 전하면서도 속으로는 이렇게 생각하고 있다는 노골적인 표정을 지었다.

"도대체 이 사람이 왜 이러는 거야?"

조가 마지막 잔을 들고 자기 자리로 돌아왔을 때, 거스가 의자에 앉아 그를 기다리고 있었다.

"거스, 한 잔 더 드려요?"

"고맙지만 괜찮네."

거스는 다시 의자 깊숙이 앉으며 궁금하다는 표정으로 조를 바라보았다.

"알았어요. 지난 주에 제가 여쭤본 그분 아시죠? 핀다. 이번 주에 그분을 만났습니다."

"아, 그렇다면 이건 일종의 과제인가?"

거스의 말에 조는 어깨를 으쓱했다.

"그렇다고 할 수 있죠. 어제는 제가 얻는 대가보다 많은 가치를 남에게 주어야 했지요."

"짐 갤로웨이에게 한 조언 말이군."

조의 얼굴이 붉어졌다. 거스가 자신의 행동을 모두 지켜보고 있었단 말인가.

"오늘은 제가 도움을 줄 수 있는 사람들의 범위를 넓혀야 했고요."

거스가 빙긋 웃었다.

"그래서 동료들에게 커피를 대접했군."

"그렇습니다."

조는 7층 전체를 둘러보았다.

"제 커피가 3/4분기 수치에 변화를 줄 것 같나요?"

조를 조용히 응시하던 거스는 곧 조가 농담을 하고 있다는 것을 깨달았다.

"사실은 그게 제가 생각할 수 있는 유일한 방법이었습니다. 게다가 그냥 커피도 아니라 무려 '레이첼의 이름난 커피'란 말입니다."

거스가 싱긋 웃으며 자리에서 일어섰다.

"그 사람을 만나러 갔다니 다행이군. 조, 뭐 한 가지 물어봐도 될까?"

"그럼요, 뭘 알고 싶으세요?"

거스는 사무실을 둘러보았다.

"이 사람들에게 자진해서 봉사하는 기분이 어땠나?"

상대의 시선을 쫓던 조의 시선이 한 바퀴 돌아 다시 거스의 눈과 마주쳤다.

"솔직히 말할까요? 바보가 된 느낌이었습니다."

거스가 다시 웃음을 터뜨렸다. 그러고는 몸을 기울이며 말했다.

"때로는 바보가 된 것 같고 심지어 남들에게 그렇게 보이기도 하지만 그래도 해야 하는 일이지."

이 말과 함께 거스는 사무실 입구 코트 걸이에 걸려 있던 재킷을 집어들고 밖으로 나갔다.

7

레이첼의 이름난 커피

다음 날 정오, 조가 핀다의 집에 나타나자 레이첼은 그를 서재로 안내했다. 그녀가 커피를 권했고 조는 흔쾌히 응했다.

"올드맨이 곧 오실 거예요."

레이첼이 말하며 싱글싱글 웃었다.

"올드맨이라는 호칭을 벌써 서너 번은 들은 것 같군요. 왜 다들 핀다를 그렇게 부르죠? 무슨 의미라도 있습니까?"

레이첼이 작은 커피 쟁반을 내려놓고 커다란 안락의자에 기대앉으며 물었다.

"그분 나이가 얼마나 되어 보이던가요?"

"글쎄, 잘 모르겠군요. 쉰여덟? 쉰아홉? 아니면 60대 초반?"

"근접했어요."

레이첼이 씨익 웃었다.

"일흔여덟이랍니다."

"에이, 농담이겠죠."

조가 말도 안 된다는 듯 손사래를 쳤다.

"70대 후반이지만 그분은 제가 아는 사람 중에서 제일 젊을 거예요. 얼마나 기운이 넘치고 열정적인 사람인지 아시죠? 항상 호기심과 관심으로 똘똘 뭉쳐 있는 것 같지 않나요?"

조가 고개를 끄덕였다.

"그분 나이의 절반밖에 안 되는 사람들보다 많이 활동하고, 여행하고, 또 성취하지요. 그분을 따라잡을 수 있는 사람은 아무도 없어요."

"정말인가요?"

조는 핀다가 그토록 저돌적이고 활동적이라는 인상을 받은 적은 없었다.

"하지만 그분은 항상, 아주 느긋하시던데요."

레이첼이 웃었다.

"물론 그래 보이죠. 실제로도 그렇고. 세상에 누가 걱정 근심이 더 많은 성취를 가져다준다고 하던가요?"

그녀의 말이 옳다는 것을 인정할 수밖에 없었다. 조는 이제 껏 많은 일을 지속적으로 잘 해내려면 당연히 강도 높은 스트 레스가 뒤따른다고 생각했다. 하지만 지금 생각해보면, 그의 주변에는 항상 스트레스에 시달리면서도 큰 소득을 얻지 못 한 이들이 상당히 많았다.

"오늘은 누굴 만나죠?"

레이첼이 물었다.

"샘이요. 핀다의 재정 고문이라더군요."

"아, 샘."

레이첼은 혼자 미소 지었다.

"그분을 좋아하게 될 거예요."

'다들 똑같은 말을 하는군.'

조는 속으로 생각했다.

"물론이지. 조도 그를 좋아하게 될 거야."

핀다가 서재 문 앞에서 웃고 있었다.

"누구나 샘을 좋아하거든."

이야기꾼의 목소리를 듣는 순간, 조는 긴장이 풀리는 느낌 이 들었다. 레이첼에게도 동일한 효과가 미치는 것 같았다. 아 마 핀다의 목소리는 모든 사람들에게 그러는 게 아닐까 하는 생각이 들었다.

조는 정교하고 거대한 철제 대문을 지나 시내로 차를 운전하다 레이첼과의 짧은 대화를 떠올렸다. 조는 핀다에게 그녀에 대해 물어보았다.

레이첼은 가난한 마을 출신이었다. 겨우 열다섯 살 무렵에 가족의 생계를 돕기 위해 생활전선에 나섰다. 그녀는 어떤 일도 마다하지 않았다. 남의 집 청소, 정원 가꾸기, 전화 받기, 식당 종업원, 패스트푸드점 요리사, 건설 노동자, 페인트 칠······ 그리고 마침내 대학교까지 마쳤다.

사실 레이첼에게도 특별히 애착이 가는 분야가 있었다. 어떤 일에 종사하든 그녀는 그 애정을 한결같이 간직했다. 그것은 일 자체에 대한 자신의 기호와는 전혀 상관없이, 일을 통해 살아남고 저축하고 남을 위해 봉사할 수 있는 기회를 누린다는 사실을 늘 스스로에게 상기시켰기 때문에 가능한 일이었다.

"살아남고, 저축하고, 봉사한다?"
조가 끼어들었다.
"마치 표어 같네요."
"그렇게 들리기 쉽지."
핀다가 시인했다.

"그건 인간이 일을 하는 일반적인 이유 세 가지라네. 살아남는 것은 기본적인 욕구를 충족시키고 저축한다는 것은 기본 욕구를 넘어 인생의 폭을 넓히며, 봉사한다는 것은 주변 세상에 이바지하는 것을 의미하지."

순간, 조는 니콜 마틴을 떠올렸다. 그녀는 처음에 성공에 대해 두려움을 느꼈다고 했다. 그렇지만 그것은 아무 도움도 되지 않았다.

핀다가 말을 이었다.

"안타깝게도 대부분의 사람들은 첫 번째에만 관심을 집중한 채 살아간다네. 두 번째 사항에 열중하는 사람들은 그보다 훨씬 적어. 하지만 경제적인 면뿐만이 아니라 인생의 모든 면에서 진정한 성공을 거둔 극소수의 사람들은 세 번째 문제에 지대한 관심을 기울인다네."

살아남고, 저축하고, 봉사한다. 핀다가 레이첼의 이야기를 하는 사이, 조는 이 세 단어를 마음속에 새겨 넣었다.

약 1년 전, 핀다는 동네 서점에서 책을 몇 권 샀다. 그 동네에서 레이첼은 카페 매니저가 되기 위해 경험을 쌓고 있었다. 책을 구입한 후, 그는 커피를 마시려고 레이첼이 일하는 카페에 잠시 들렀다.

"방금 커피를 새로 끓이기 시작했어요."

레이첼이 말했다.

"급하지 않으시면 소파에 앉아 잠깐 책을 읽고 계시겠어요?
커피가 다 되는대로 한 잔 가져다드릴게요."

핀다는 젊은 여성의 태도에 감동을 받았다. 커피를 맛보았
을 때 감동은 몇 배 더 커졌다. 맛있는 커피를 만드는 그녀의
솜씨는 탁월했다. 그 누구도 부인할 수 없었다. 그녀는 거의
본능적으로 좋은 원두를 골라냈고, 그것을 섞고 볶고 갈아서
가장 훌륭한 맛과 향을 뽑아냈다. 레이첼은 시간과 온도의 완
벽한 균형을 찾는 데도 장인의 감각을 지니고 있었다. 쓰디쓴
기름때가 끼지 못하게 커피 기계를 닦는 방법도, 가장 깨끗한
물을 공급받는 방법도 알고 있었다. 레이첼의 커피는 언제나
맛있었다. 아니, 맛있는 것 이상이었다.

"사람들이 비법이 뭐냐고 물을 때마다 그녀는 웃으면서 말
한다네. 자기 핏줄의 8분의 1은 콜롬비아인이라고 말이야."

당시 핀다와 그의 부인은 5성 호텔의 주방장 자리를 제안
받고 자신의 저택을 떠난 요리사를 대신해 일할 사람을 찾고
있었다. 그는 요리를 할 줄 알고 이처럼 훌륭한 커피를 만드는
사람이라면 완벽하게 그 자리를 대신해줄 것이라 생각했다.
레이첼은 얼마 전 마지막 학기를 마쳤기 때문에 핀다의 제안

을 받아들였다.

핀다는 그 자리에서 레이첼을 고용했다.

레이첼의 커피는 곧 핀다의 저택을 끊임없이 드나드는 재계 인사들 사이에서 큰 인기를 얻었다. 그들 중에는 이 나라에서 가장 큰 기업들의 CEO도 있었다. 핀다에게 레이첼을 빼가고 싶다는 암시를 주는 사람도 있었다. 그런 말을 들을 때마다 핀다는 혹여 그런 시도를 한다면 앞으로 자신의 자문은 기대하지 않는 게 좋을 거라는 농담 섞인 경고의 말을 던졌다. 이말을 들은 한 CEO는 깊은 생각에 잠겨 레이첼의 '이름난' 커피를 길게 한 모금 마시면서 이렇게 중얼거렸다.

"그래, 그렇다면…… 아무래도 이 정도에 만족하고 살아야겠군."

핀다는 이 대목에서 크게 웃었다. 조 역시 따라 웃었다. 레이첼의 이야기에 무언가 다른 것이 더 있다는 느낌이 들었지만 나중을 기약하는 수밖에 없었다. 목적지에 도착했기 때문이다.

8

영향력의 법칙

시내에서 가장 높고 우아한 상업 건물의 꼭대기 층에 있는 리버티 생명보험 및 금융 서비스 회사의 지역 본부는 금융 거리의 심장부를 구성하고 있었다.

24층짜리 건물의 대부분은 시내 최고의 투자회사와 법률회사들이 차지하고 있었고 그중 22층과 23층을 리버티가 사용했다. 조와 핀다의 목적지인 샘의 사무실은 24층 전체였다. 정문으로 들어간 핀다는 경비원 앞에서 방문객 명단에 서명했다. 둘은 고급스러운 로비를 지나 유리 엘리베이터에 탔다. 엘리베이터는 정교한 세공장식으로 테두리를 둘렀고 바닥에는 푸른색의 호화로운 플러시 카펫이 깔려 있었다.

"엄청나게 잘나가는 곳인가 보군요."

조가 속삭였다.

"세계에서 가장 큰 성공을 거둔 개인 금융 서비스 회사에서도 가장 성공한 지점이지."

핀다 역시 작은 목소리로 대답했다.

"그리고 자넨 곧 이곳 수입의 4분의 3 이상을 혼자 끌어오는 사람을 만나게 될 거야."

"자네가 조로군!"

백발의 신사가 환하게 웃으며 두 손으로 조의 손을 붙잡고 열심히 흔들었다. 그의 목소리는 녹슨 대문의 경첩 소리 같았다.

"올드맨이 나와 즐거운 이야기를 나눌 사람을 데려올 때가 되었다 했지. 올드맨은 너무 따분하거든!"

그는 핀다를 어깨로 슬쩍 밀며 말했다.

샘은 웃느라 숨을 헐떡거리며 두 손님을 화려한 가죽 의자로 안내했다. 조는 사무실을 둘러보았다. 24층의 드넓은 업무 공간은 회사의 사무실이라기보다는 비행기 격납고 같았다. 아치 형태의 천장과 거대한 채광창이 머리 위로 적어도 6미터는 떨어져 있는 듯했다. 외부와 사무실을 격리하는 두 개의 거대한 유리벽 바깥쪽에는 도시 너머 서쪽 산봉우리들의 기막힌 정경이 펼쳐졌다.

조는 풍경에서 시선을 거두고 핀다와 샘의 대화에 집중했다. 두 사람은 주거니 받거니 하며 샘의 경력을 간추려 들려주었다.

샘 로젠은 보험 영업사원으로 출발해 여느 사람들과 똑같이 치열한 경쟁을 하며 성장했다. 이후 수년에 걸쳐 공정한 사업가라는 평판을 쌓자 사람들은 그에게 교섭인 역할을 부탁하기 시작했고, 좀 더 힘든 거래의 경우 중재자로 나서주기를 바랐다. 회사의 최고 영업사원으로 발돋움한 후, 그는 관심의 폭을 넓혀 선별된 고객들을 대상으로 포괄적인 재정 자문을 맡기 시작했다.

60대 초반에 이르러 샘은 다시 한 번 기어를 올렸다. 비영리 단체, 특히 경제적인 혜택을 받지 못하는 취약계층이나 노숙자 등을 돕는 단체와 함께 일하기 시작한 것이다. 현재 샘은 주 전체에서 가장 큰 자선가로 활동하는 한편 국제 자선 단체들을 대표해 대규모 계약을 따내는 일에 대부분의 시간을 할애하고 있었다.

"이 친구를 만난 지도 벌써 30년이 넘었군."

핀다가 말했다.

"그때 이미 4억 달러 이상의 영업 매출을 달성했지. 그 회사 역사상 누구도 따라올 수 없는 기록이었어."

"세상에서 제일 뛰어난 보험 영업사원이시군요."

조가 대담하게 말했다.

"그래야지. 그래야 하고말고."

샘이 동의했다.

"난 최악의 사원으로 출발했네. 보험 판매를 목표로 삼았던 시절의 난 정말 형편없었지. 그 일에 뛰어들고 처음 몇 년 동안은 마치 거꾸로 뒤집힌 거북이처럼 버둥거렸네. 그런 상황을 바꾸고 날 바로 일으킨 게 뭔지 아나?"

조가 검지를 세우며 말했다.

"제가 맞혀볼까요? 자신이 받는 대가보다 더 많은 가치를 주겠다는 생각이었지요?"

"나쁘지 않군. 얻을 수 있는 것에서 줄 수 있는 것으로 관심을 옮긴 건 내 경력이 막 피기 시작했을 때였네. 하지만 우리 같은 업종에서는, 사실 어떤 일이나 마찬가지겠지만 인맥을 구축하는 기술이 필요하다네."

샘은 조를 정면으로 쳐다보며 물었다.

"내가 말하는 인맥의 의미가 뭔지 아나?"

조는 지금까지 인맥 만들기에 대해서는 모르는 게 없다고 자부하고 있었다. 그런데 막상 이런 질문을 받자 당황스러웠다.

"음, 네, 안다고 생각합니다."

조는 황급히 고개를 저으며 다시 말했다.

"하지만 사실은 잘 모르고 있겠죠……."

조는 말꼬리를 흐렸다.

샘의 두 눈이 따스하게 빛났다.

"늘 그렇지만 올드맨이 또 옳았군. 내가 자네를 좋아할 거라고 했지."

조의 얼굴이 상기되었다. 샘이 말을 이었다.

"내가 말하는 인맥이란 꼭 자네의 거래처나 고객을 의미하진 않네. 자네를 알고, 좋아하고 신뢰하는 사람들로 이루어진 네트워크를 말하는 걸세. 자네에게서 무언가를 사지는 않지만 항상 마음 깊은 곳에 자네를 품고 있는 사람들 말일세."

그는 몸을 수그리며 좀 더 힘을 실어 말했다.

"자네의 성공을 보기 위해 자신의 시간과 관심을 쏟는 이들을 말하는 걸세. 알겠나? 물론 자네도 그들에 대해 같은 마음을 품고 있어야지. 그들은 걸어 다니는 개인 사절단이야. 이렇게 개인 사절단을 갖추게 되면 자네가 손을 쓸 필요도 없이 여기저기서 의뢰가 들어올 걸세."

조는 항상 자신이 탄탄한 인맥을 갖추었다고 생각했다. 그렇지만 그는 지금 마음속으로 자신의 사업계약이나 인간관계를 재검토하고 있었다. 걸어 다니는 개인 사절단이라. 그의 인맥도 이렇게 표현할 수 있을까? 그가 아는 모든 이들이 과연 그의 성공을 보기 위해 시간과 관심을 쏟을까? 그의 지인 가운데 이런 표현에 어울리는 사람이 한 사람이라도 있나?

샘이 다시 입을 열었다. 이번에는 좀 더 차분하고 조용한 목소리였다.

"그런 형태의 인맥을 가능하게 만드는 것이 무엇인지 알고 싶나, 조?"

조는 고개를 들어 샘의 눈을 바라보았다.

"네."

노인의 두 눈이 조를 향했다.

"점수를 기록하는 걸 그만두게."

조가 눈을 깜박였다.

"무슨 뜻입니까?"

샘은 다시 의자에 등을 기대어 앉았다.

"말 그대로야. 점수를 기록하지 말라고. 그건 인맥을 만드는 게 아니라 포커를 치는 거라네. 사람들이 말하는 '윈-윈 전략'

이 뭔지는 알고 있겠지?"

조가 고개를 끄덕였다.

"언제나 쌍방이 함께 앞으로 나아갈 방법을 찾는 겁니다."

"맞았네. 듣기야 근사하지. 적어도 이론상으로는 그래. 그렇지만 대부분의 경우 소위 윈-윈 전략이란 위장된 점수 기록에 지나지 않네. 모두 비기긴 하지만 어느 쪽도 이익을 얻지 못하는 확실한 방법이지. 어떻게 보면 공평해. 내가 네 등을 긁어주었으니 이제 내 등도 긁어주라는 식이랄까."

그는 슬픈 듯 고개를 저었다.

"사업이나 삶이나 다른 모든 영역에서 인간관계의 기본을 '누가 누구에게 어떤 빚을 지고 있는가'에 둔다면 절대로 친구를 만들지 못해. 채권자로 남을 뿐이지."

조는 지난 금요일에 통화를 하다가 자신이 한 말이 기억났다.

"잠깐, 기다려 칼. 나한테 빚진 거 있지! 잘 알잖아! 핫지 계정에서 짭짤한 수익을 올린 게 다 누구 덕이었는데?"

샘은 다시 몸을 내밀었다.

"엄청난 성공에 이르는 세 번째 법칙을 알고 싶나?"

조가 고개를 끄덕였다.

"네, 정말 간절히 알고 싶습니다."

"상대방을 배려하게. 상대방의 이익이 뭔지 살피고 그 사람의 뒤를 돌봐주게. 50대 50 따위는 잊어버려. 그건 무조건 지는 전략이라네. 100퍼센트, 승리를 거두는 유일한 전략은 바로 100퍼센트를 주는 거야. 상대방이 이기도록 하는 게 바로 내가 이기는 길이지. 상대가 원하는 바를 이룰 수 있게 해주게. 다른 사람의 승리에 집중하는 걸세. 세 번째 법칙인 영향력의 법칙을 말해주겠네."

"당신의 영향력은 타인의 이익을 얼마나 우선시하느냐에 따라 결정된다."

조는 천천히 반복했다.
"당신의 영향력은 타인의 이익을 얼마나 우선시하느냐에 따라 결정된다."
샘이 웃으며 고개를 끄덕였다.
조가 머뭇거리며 핀다를 쳐다보았다. 그리고 다시 샘을 바라보았다.
"상당히 고귀한 원칙 같군요. 하지만 잘 이해가 안 됩니다."
샘이 그를 응시했다.
"이게 어떻게 성공의 법칙인지 모르겠단 말이지?"
조는 안도감을 느끼며 대답했다.

"그렇습니다."

샘이 핀다를 쳐다보며 조를 향해 고갯짓을 해보였다. 자네가 말해주게라고 말하는 듯했다. 핀다가 말문을 열었다.

"타인의 이익을 우선하면 자신의 이익 또한 존중받을 수 있기 때문이라네. 어떤 사람들은 그것을 '계몽적 실리주의'라고 부르지. 다른 사람들이 필요로 하는 것에 관심을 보이게. 그리고 그렇게 할 때 자네가 필요로 하는 것 또한 얻을 수 있다고 믿어야 해."

샘이 고개를 끄덕였다. 조가 핀다의 말을 곱씹는 모습을 바라보며 샘이 말했다.

"생각해보게. 사람들에게 무엇이 영향력을 만드느냐고 묻는다면 다들 뭐라고 대답할 것 같은가?"

조가 주저 없이 대답했다.

"돈, 지위, 아니면 뛰어난 업적 같은 것이겠지요."

샘이 싱긋 웃으며 고개를 끄덕였다.

"그래! 맞았어. 사람들은 그렇게 말하네. 그런데 실은 그와 정반대란 말이야. 돈이나 지위가 영향력을 만드는 게 아니라 영향력이 그것들을 만들어내는 거라네. 자, 그럼 무엇이 진정한 영향력을 낳는지 알겠지?"

조가 두 눈을 깜박였다.

"타인의 이익을 우선시하는 것이죠."

샘의 미소가 기쁨으로 넘쳤다.

"이제야 말이 통하는군."

조는 핀다를 따라 엘리베이터를 탔다. 두 사람은 나란히 서서 엘리베이터 문이 닫히는 것을 지켜보았다. 엘리베이터가 내려가기 시작하자 핀다가 침묵을 깼다.

"샘을 만난 소감이 어떤가?"

"대단한 분입니다. 현명하고 사람을 끌어당기는 자석 같은 매력을 지녔어요."

"음, 자석 같은 매력이라."

핀다는 그 단어에 대해 숙고하는 듯했다.

"니콜은 어땠나? 그녀도 그런 매력을 가지고 있다고 말할 수 있나?"

"물론입니다. 제가 만난 사람 중 가장 놀라웠어요."

핀다가 조를 보며 말했다.

"말해보게. 그녀를 그렇게 만드는 요인이 무엇인가?"

조는 곰곰이 생각해봤다. 그녀를 그토록 놀랍고 인상적인 사람으로 만들어주는 게 뭐지?

"모르겠습니다. 그냥…… 사람을 끌어당기던데요."

핀다는 싱긋 웃었다.

"샘처럼?"

젊고 매력적인 학교 선생과 귀에 거슬리는 목소리의 나이 든 금융 전문가! 이보다 대조적인 조합은 상상하기조차 어려우리라. 하지만…… 그래, 그 둘은 어떻게 보면 상당히 비슷했다. 그리고 비단 그들만이 아니었다.

"그러고 보니 어네스토도 비슷하군요! 그리고…….'

조는 "당신도요!"라고 말하려다 입을 다물었다. 그는 핀다를 뚫어지게 쳐다보았다.

"그게 뭡니까? 당신은 알고 계시죠? 그렇죠?"

딩! 하는 소리와 함께 엘리베이터가 1층에 도착했다. 문이 열리고 대리석과 강철, 유리로 만들어진 웅장한 로비를 빠져나가던 핀다가 한마디를 툭 던졌다.

"주는 거야."

"네?"

"그 사람들의 공통점 말일세. 바로 주는 것이라네."

그는 슬쩍 곁눈으로 조를 보고는 미소를 지었다.

"사람들을 매력적으로 보이도록 만드는 게 뭔지 생각해봤나? 진정한 매력, 사람들을 끌어당기는 자석 같은 매력 말일세."

핀다는 거대한 유리문을 밀었다. 둘은 밖으로 나와 9월의 따스한 오후 속으로 걸어갔다.

"그 사람들은 주는 것을 좋아한다네. 그래서 그토록 매력적인 게야. 주는 사람은 다른 이들을 끌어당기지."

두 사람은 조의 차를 향해 조용히 걸어갔다.

"주는 사람은 다른 이들을 끌어당긴다."

조는 생각했다.

'그래서 영향력의 법칙이 작용하는 거로군. 자석처럼 다른 사람들을 끌어당기는 거야.'

영향력의 법칙

당신의 영향력은 타인의 이익을 얼마나
우선시하느냐에 따라 결정된다.

9

수전의 메모

조가 사무실로 돌아왔을 때, 그 안은 혼돈 그 자체였다. 몇 분 동안 컴퓨터 시스템이 다운되어 이제야 간신히 복구를 시작한 참이었던 것이다. 그러나 이미 꼬박 3일을 투자한 각종 거래 기록과 통신 자료가 몽땅 날아가버린 뒤였다. 모두들 복구한 시스템으로 파일을 옮기고 저장하느라 정신이 없었다.

팀에 합류하여 점점 늘어만 가는 서류더미 속으로 파고드는 사이, 조의 머릿속에서 샘 로젠, 핀다, 영향력의 법칙에 대한 생각은 전부 증발해버렸다.

저녁 7시가 다 되어갈 무렵, 조는 결국 끝내지 못한 서류를 가방에 잔뜩 싣고 꿍 하는 신음 소리와 함께 엘리베이터로 발걸음을 옮겼다.

운전석에 몸을 실으면서도 조의 머릿속은 일에 대한 생각으로 가득했다. 그러는 사이 25분이 흘렀고 정신을 차려보니 벌써 집 앞 진입로로 들어서고 있었다.

시동을 끄자 엔진이 식는 금속성 소리가 들렸다. 마음의 스위치도 꺼버릴 수 있는 키가 있었으면 하는 생각이 들었다. 엄청난 성공에 이르는 법칙을 배우겠다고 점심시간을 투자했는데, 그저 시간 낭비에 그치는 것은 아닐까? 그토록 간절히 원하는 3/4분기 목표 달성에 조금이라도 근접하기나 했나?

조의 집은 교외에 지어진 2세대용 주택이었다. 현관 앞에 서니 한숨이 나왔다. 수전은 벌써 한 시간 전쯤 집에 왔을 것이다. 그녀 역시 지쳐 있겠지. 오후 내내 힘든 시간을 보냈을 테니까.

수전은 부엌에 있었다. 오븐에서 뭔가를 꺼내는 중이었다. 그녀는 늦었다는 말도, 저녁식사가 식었다는 말도 할 필요가 없었다. 너무 피곤해서 그런 것에 신경 쓸 여유도 없다는 말을 할 필요도 없었다. 그녀의 몸짓에는 이 모든 것들이, 아니 그 이상의 의미가 들어 있었기 때문이다.

저녁식사 시간 내내 두 사람은 기운이 없었다. 조와 수전은 각자 해야 할 일들과 오늘 있었던 힘든 일에 대해 대화를 나누며 식사와 주방 정리를 마쳤다. 조는 수전에게 웅장한 리버티 건물에서 가진 만남에 대해 들려주고 싶었지만 바로 포기하고 말았다.

지난 토요일, 그가 집으로 돌아와 핀다의 첫인상에 대해 말했을 때, 수전은 호기심을 보였다. 그러나 월요일 저녁 어네스토에 대한 이야기를 꺼냈을 때의 반응은 달랐다.

"그 남자가 진짜 거기 주인이라고?"

그녀는 계속 이 말만 되풀이할 뿐 더 깊은 대화에는 관심이 없는 듯했다. 어제 그가 니콜 마틴의 놀이방 회의실에 대해 말을 꺼냈을 때에도 그녀는 눈을 흘기며 이렇게 말할 뿐이었다.

"놀리지 마."

결국 그는 거기에서 더 나아가지 못했다.

조와 수전에게는 일종의 불문율이 있었다. 둘은 스트레스가 심한 일을 했고 저녁에 퇴근해 돌아올 때면 심신이 지친 상태였다. 게다가 둘 다 적어도 한두 시간 가량은 회사에서 갖고 온 일을 해야만 했다. 그들의 불문율은 다음과 같았다.

"서로에게 불평할 수 있는 시간을 주자. 시간은 최대 30분."

오늘 밤 수전은 이미 그녀 몫의 시간을 초과했다. 조는 침대 가장자리에 걸터앉아 수전이 방 안을 거닐며 떠드는 이야기에 맞장구를 쳐주기 위해 최선을 다했다. 그는 아내의 기분을 달래줄 만한 말이 없을까 고민하며 속으로 한숨을 내쉬었다.

갑자기 조는 수전이 하던 말을 멈추고 자신을 바라보고 있다는 것을 깨달았다.

"미안해."

그녀가 부드럽게 말했다.

"벌써 8시 30분이네."

피곤한 한숨이 흘러나왔다.

"바닥에 구멍이라도 뚫린 것처럼 한없이 혼자서만 중얼거렸으니."

수전은 미소를 지으려고 했지만 역부족이었다.

"당신도 할 일이 많을 텐데."

그녀가 돌아서면서 말했다. 그에게 한 말이라기보다 자기 자신에게 하는 말인 것 같았다.

"공평해야 하는데 말이야."

조는 입을 열려다 그만 다물고 말았다. 공평해야 한다. 방금 뭔가 떠올랐는데? 그런데 왜 이렇게 틀린 말처럼 들리지? 50 대 50은 지는 전략이다. 그래, 셈이다. 공평함. 내가 네 등을 긁어주었으니 이제 내 등을 긁어줘야지. 그러면 친구를 만들지 못한다. 채권자가 될 뿐이다. 그들의 결혼 생활도 그런 관계가 되어가고 있었던 걸까?

조의 입에서 느닷없이 생각지도 못한 말이 튀어나왔다.

"아니야. 사실 오늘은 할 일도 없어."

수전이 그를 돌아보았다.

"계속해봐."

조가 말했다.

"무슨 일이 있었는지 듣고 싶어. 진심이야."

순간, 수전은 깜짝 놀라 조를 응시했다. 중력의 법칙이 뒤집혔다는 말을 듣기라도 한 것 같았다.

"정말이야?"

"물론이지."

조가 대답했다.

"당신 오늘 상당히 힘들었나봐. 그래서 어떻게 됐어?"

아내는 그의 옆에 앉아 그를 물끄러미 바라보았다.

"정말이야. 내 차례는 좀 기다리지 뭐."

조가 말했다.

수전은 천천히 오늘 있었던 일에 대해 이야기하기 시작했다. 그녀와 동료 사이에 빚어진 불쾌한 갈등에 대해서. 몇 분 뒤 그녀는 다시 말을 멈추고 조를 바라보았다. 그는 고개를 끄덕였고 수전이 말을 이을 때까지 기다렸다.

수전은 베개를 베고 누워 속내를 털어놓기 시작했다. 이런 힘든 상황이 얼마나 오래 지속되었는지, 왜 그녀가 그렇게 상처받았는지, 도대체 어떻게 대처해야 할지 모르겠다고 말이다. 자신의 기분이 어떤지에 대해서도 털어놓았다.

20분 후, 그녀는 울음을 터트렸다.

조는 당황했다. 최선을 다해 귀를 기울여 듣고 있었지만 수전이 너무나도 상이하고 광범위한 문제들을 한꺼번에 털어놓았기에 정확히 어떤 부분 때문에 울고 있는지 확신할 수가 없었다. 수전은 모든 것이 잘못되어가고 있다고 생각하는 듯했다.

조는 수전의 옆에 누워 그녀의 어깨에 팔을 둘러 어설프게 그녀를 감싸안았다. 그러나 그녀의 울음은 그치지 않았다. 조는 몇 마디 위로의 말을 중얼거렸다. 내내 약간 바보가 된 듯한 기분이 들었다.

거스가 뭐라고 했었지? 때로는 바보가 된 것 같고 심지어 남들에게 그렇게 보이기도 하지만 그래도 해야 한다.

마침내 그녀의 흐느낌이 훌쩍거림으로 바뀌었다. 곧 그것마

저 멈추었다.

조는 크게 안도했다. 결국 그의 말들이 아주 바보 같지는 않았나 보다. 그녀에게 약간의 위안은 된 것 같았다. 아니면 그저 울다 못해 생각에 잠긴 건지도 모른다.

"여보."

조가 불렀다.

"사랑해."

수전은 말이 없었다.

"수전?"

조는 부드럽게 그녀를 흔들었다. 수전은 잠들어 있었다. 위로의 말은 하나도 듣지 않은 채 혼자 울다 잠든 것이다.

조는 패배감에 젖었다. 그는 조용히 잘 준비를 한 다음 이불 속으로 들어갔다. 수전의 소리 없는 고통이 그를 휘감았다. 자신이 그녀의 고통을 더는 데 조금이라도 도움이 되었기를 바라며 천천히 잠 속으로 빠져들었다.

다음 날 아침, 눈을 뜬 그는 화들짝 놀라 절망했다. 순간 끔찍한 사실을 깨달은 것이다. 어제 배운 법칙! 뭐였지? 샘 로젠 …… 인맥 구축 …… 걸어 다니는 개인 사절단.

영향력의 법칙!

회사에서 집으로 와 바로 갔으니 그날 배운 것을 적용해보기는커녕 제대로 생각도 해보지 못한 채 밤이 지나버린 것이다.

조는 신음하며 베개를 움켜쥐었다. 홧김에 막 베개를 집어던지려는 찰나, 수전이 곁에 없다는 사실을 깨달았다. 시계를 보았다. 8시 15분. 늦잠을 자다니! 수전은 아무 말 없이 그를 깨우지도 않은 채 출근한 게 틀림없었다.

그는 다시 한 번 신음을 토했다. 핀다의 레슨을 날려버리고 지각을 한 데다 수전에게 실망까지 안겨주다니.

"삼진 아웃이야, 조."

그는 투덜거렸다.

머릿속에 핀다의 말이 울렸다.

"내 조건을 지키지 못하면 우리 상담은 끝나는 거네."

조는 힘들게 몸을 일으켜 세웠다. 브렌다에게 전화를 해 핀다와의 점심 약속을 취소해야 한다는 생각에 마음이 무거웠다. 그때 수전의 베개 위에 있던 메모지가 눈에 들어왔다. 반으로 접힌 종이 겉면에 이렇게 쓰여 있었다.

사랑하는 여보

수전이 자신을 '사랑하는 여보'라고 부른 게 대체 얼마만이

던가? 조는 쪽지를 집어 펼쳤다.

　사랑하는 조

　나 때문에 깨지는 않았는지 모르겠네. 당신이 푹 잤으면 좋
겠는데. 당신은 그만한 휴식을 즐길 자격이 있어. 어젯밤에 내
이야기를 듣느라 피곤했을 테니까…….

　정말 고마워. 당신의 관대한 마음에 진심으로 감사해.

　관대한 마음? 사랑하는 조?

　조는 나머지 내용을 읽었다.

　그렇게…… 그렇게 누군가가 진심으로 내 이야기에 귀를 기
울여준다는 기분을 느껴본 게 얼마만인지.

　사랑해.

　조는 어찌할 바를 몰랐다. 관대한 마음? 내가 어떤 점에서
그랬다는 거지?

　조는 해답을 찾기 위해 메모를 다시 살펴보았다.

　"당신의 관대한 마음에 진심으로 감사해."

"그렇게…… 그렇게 누군가가 진심으로 내 이야기에 귀를 기울여준다는 기분을 느껴본 게 얼마만인지."

조는 놀라서 얼굴을 문질렀다. 아내가 늘어놓은 불평과는 아무런 상관도 없었다. 그녀는 단지 그가 들어주기를 바랐던 것이다. 그저 들어주기만을.

순간, 녹슨 대문의 경첩 같은 목소리가 떠올랐다.

"점수를 적는 걸 그만두게!"

조는 웃었다. 그는 과제를 해냈다!

10

진실성의 법칙

"어땠나?"

두 사람이 시내로 향하는 동안 핀다가 15분 내내 이어진 침묵을 깨고 말했다.

어제는 업무에 대한 생각으로 마음이 어지러웠다면 오늘은 아침에 수전이 남긴 메모와 어젯밤 들었던 눈물 섞인 서글픈 아리아가 머릿속을 맴돌았다. 핀다가 질문을 던졌을 때 조는 계속 무방비 상태에 있었다.

"네? 뭐라고 하셨죠, 핀다 씨?"

조는 두 사람이 처음 만난 후 "핀다 씨"라고 부른 게 처음인 것 같다는 생각이 들었다.

"세 번째 법칙의 적용 말일세."

핀다가 말했다.

"어땠나?"

핀다는 이제껏 '과제'에 대해 물어보거나 조건의 완수에 대해 말을 꺼낸 적이 없었다.

그런데 왜 갑자기 묻는 것일까? 조는 핀다의 표정을 보고 그가 확인을 하려는 게 아니라 단순히 궁금해서 묻고 있음을 알아차렸다.

'무슨 일이 있었다는 걸 알아차린 거야.'

조는 속으로 생각했다.

"그러니까…… 어, 잘됐습니다. 제 말은…… 그런 것 같습니다. 솔직히 확신은 못하겠지만요."

핀다는 이해한다는 듯 고개를 끄덕였다.

"이 법칙들은 단순히 비즈니스에만 적용되는 게 아닐세. 진짜 건전한 비즈니스 원칙은 인생의 모든 부분에 적용되지. 교우관계, 결혼생활, 그 밖에 어디서든 말일세. 모든 일의 핵심을 이룬다고 할 수 있어. 사업상의 대차대조표만 아니라 인생의 대차대조표까지 개선할 수 있다네."

"그런 생각까지는 못했습니다."

"솔직해서 좋군."

핀다가 흘긋 조를 보았다.

"난 아내와 결혼한 지 50년이 다 되어가지."

"50년이라고요?"

조가 말했다.

50년이라. 조의 나이보다 거의 두 배나 되는 세월이다.

"좀 구닥다리처럼 들릴지도 모르겠지만 말이네."

핀다가 조를 쳐다보았다. 자기 말을 이해하는지 확인하려는
듯했다.

"계속하세요."

조가 고개를 끄덕이며 말했다.

"우리가 이렇게 오랫동안 함께 살아오면서 48년 전처럼 아
직까지 행복한 이유는, 실은 그때보다 더 행복하지만, 여하튼
그 이유는 단 한 가지라네. 바로 그녀를 처음 만난 날부터 오
늘까지 오직 그녀의 행복만을 원했다는 거지. 그리고 정말 놀
랍게도 그녀 역시 나에게 똑같은 걸 바라는 것 같아."

"그런 걸 종속적인 관계라고 부르는 사람들도 있지 않나
요?"

조는 용기를 내어 말했다.

"그렇기도 해. 그런데 나는 그걸 뭐라 부르는지 아나?"

"행복인가요?"

핀다가 웃었다.

"그래, 물론 그렇지. 사실은 '성공'이라고 부른다고 말할 참이었네."

성공. 조는 자신과 아내의 삶이 어떻게 하다가 싸움과 타협의 끝없는 드라마처럼 느껴지기 시작했는지 돌아보았다.

"50대 50은 지는 조건이야."

"샘이 인맥 만들기에 관해 한 말과 같군요."

조가 말했다.

"정확하네."

핀다가 정면을 가리켰다.

"자, 다 왔군."

조의 눈앞에 거대한 건물이 위용을 드러냈다. 그는 지하 주차장을 향해 차를 몰았다.

그들은 매년 정기적으로 열리는 세일즈 관련 심포지엄에 참석하여 기조 연사의 강연을 들을 예정이었다. 이 심포지엄은 도시에서 가장 규모가 큰 행사 중 하나로 전국적으로도 명성을 떨치고 있었다. 오늘의 연사는 이 지역 출신이었고 이름은 데브라 데븐포트였다.

강연장은 만원이었지만 핀다가 이미 널찍한 홀 뒤쪽에 좌석 두 개를 예약해놓았다. 조는 청중의 규모에 놀랐다. 짐작컨대 최소한 3000명이 오늘 연사의 강연을 듣기 위해 이 자리에 참석한 것 같았다.

그리고 그녀는 사람들을 실망시키지 않았다. 진행자의 짧고 강렬한 소개가 끝나자, 오늘의 주인공이 청중의 기립 박수와 함께 무대 중앙에 등장했다 그녀는 사람들이 박수를 멈추고 자리에 앉을 때까지 조용히 기다렸다.

"12년 전 어느 날, 저는 마흔두 살이 되었습니다."

데브라가 강연을 시작했다.

"제 생일날 저는 세 개의 선물을 받았죠. 첫 번째로 가장 친한 친구가 100달러짜리 제이씨페니JCPenney 상품권을 주었습니다. 제이씨페니는 그 당시 제가 누릴 수 있는 패션의 최고 정점이었어요."

그녀는 말을 멈추고 객석을 오른쪽에서 왼쪽까지 죽 훑어보았다. 그리고 마치 친구끼리 비밀 이야기라도 하듯 청중을 향해 몸을 기울였다.

"그런데 사실 제이씨페니는 아직도 제가 최고로 생각하는 패션브랜드랍니다."

웃음과 환호가 터져나왔다. 그녀는 싱긋 웃으며 조용히 해달라는 뜻으로 손을 흔들었다.

"제 말은, 도대체 왜 내년이면 잊혀질 유행을 좇느라 돈을 낭비하느냐는 겁니다. 그렇게 생각하지 않나요? 그리고 숙녀 여러분."

그녀는 집게손가락으로 관자놀이를 두드리며 말했다.

"여러분을 아름답게 만드는 것은 포장이 아니라 바로 여기예요."

또 한 번 웃음과 박수의 파도가 넘실거렸다.

"1분만에 좌중을 장악했군."

조는 감탄하며 혼잣말로 중얼거렸다.

데브라 데븐포트는 말을 이었다.

"두 번째. 아이 셋이 돈을 모아 저에게 스파 이용권을 사주었습니다. 꽤 비싼 티켓이었어요. 하루 종일 즐길 수 있는 종일권이더군요! 자기들을 돌봐줄 베이비시터 비용까지 완벽하게 계획했고요. 사실은……."

그녀는 잠시 숨을 고르며 머뭇거렸다. 금방이라도 울음을 터트릴 것 같았다.

"사실 아이들은 베이비시터에게 미리 전화해서 우리 집에 불러놓기까지 했답니다. 전 전혀 눈치채지 못했어요. 자기들 엄마의 잔소리가 어느 정도인지 잘 아는 아이들로서는 실로 놀라운 수완과 교묘함을 발휘한 거죠."

청중은 충분히 이해했다는 뜻으로 따뜻하게 웃었다.

"세 번째는 남편이 준 선물이었습니다. 가장 깜짝 놀랄 만한 것이었어요. 그는 내게 평생 기억에 남을 '자각'이라는 놀라운 선물을 주었습니다. 그날 집을 나가서 다시는 돌아오지 않았거든요."

순간 모든 사람이 숨을 헉 들이켰다.

"선물의 포장지를 뜯고 상자를 열어 내용물을 확인하고 사용할 수 있기까지 꼬박 1년이 걸렸어요."

데브라는 장내를 둘러보았다. 조는 그녀가 맨 앞의 몇 줄만이 아니라 강연장을 가득 메운 청중 전체와 일일이 시선을 교환하고 있음을 깨달았다.

"오늘 전 여러분 모두와 그 선물을 나누고자 합니다."

그 후 15분 동안, 데브라는 자신의 과거 속으로 사람들을 인도했다.

나이 마흔둘에 갑자기 혼자 남아 세 아이를 키우게 된 데브라는 그때까지 단 하루도 생산적인 일을 해본 적이 없었다. 아이들의 엄마, 한 남자의 아내 그리고 주부로서 열 가지 이상의 기술을 곡예 부리듯 연출하며 힘들게 살아왔지만 곧 그녀도 깨달았다시피 지난 20년 세월 동안 자신이 한 일 중에 돈벌이가 될 만한 것은 하나도 없었다.

"온갖 직장에 지원해봤지만 저는 나이가 너무 많고 자격 미달이었습니다."

남편이 떠난 후 몇 개월 동안 그녀는 부동산중개사 자격증을 따기 위해 공부에 매달렸다. 데브라는 배우는 속도가 빨랐고 첫 시험에 합격했다. 뒤이어 회사 직원들이 알려준 조언과 가르침을 습득하고 따르느라 1년 남짓한 세월이 바쁘게 지나갔다.

"그들은 제게 이제껏 개발된 영업 방법론과 클로징_{closing}(계약 체결 및 마무리) 기술을 모두 가르쳐주었습니다. 직접 매매, 협상과 양보, 시간 끌기 그리고 시험 제안 등의 클로징을 배우자 더 많은 것들을 알려주더군요. 칭찬 클로징, 난처함에 대처하는 클로징, 매수 타이밍, 매수해선 안 될 타이밍, 구애 클로징과 수치스러움을 이기는 클로징……. A에서 Z까지 모든 기술을 배웠습니다."

그녀는 여기서 말을 멈추고 청중을 둘러보더니 무표정한 얼굴로 말했다.

"내 말을 안 믿는군요."

앞쪽 열에서 웃음의 물결이 퍼져나갔다. 몇몇 데브라의 팬들은 다음에 무슨 이야기가 이어질지 알고 있는 것 같았다.

"자, 그럼 어디 한 번 세어볼까요?"

데브라가 손가락을 꼽기 시작했다.

"채무인수 클로징, 보너스 클로징, 양도 클로징, 불화 클로징, 감정 클로징, 미래 클로징……."

첫 줄에 앉아 있는 사람들이 알파벳이 하나씩 등장할 때마다 손뼉을 치기 시작했다.

"골든브릿지 클로징, 유머감각 클로징, 아이큐 클로징, 저지 시티 클로징……."

이제는 청중 모두가 합류했고 박수 소리가 점점 더 커지기 시작했다.

"멋진 조항 클로징, 자산 매수 클로징, 돈이 전부가 아니다 클로징, 지금이 아니면 없다 클로징, 소유권 클로징, 반려견 클로징, 품질 클로징, 역전 클로징, 입석만 가능 클로징, 테이크 아웃 클로징, 저평가 가치 클로징, 허영 클로징, 기회의 창 클로징……."

여기서 그녀는 크게 숨을 마셨다.

"자비에라 홀랜더 클로징, 야야 시스터즈 클로징 그리고 사사 가보르 클로징까지. 보세요, 클로징 하나는 정말 제대로 배웠다고요!"('채무 인수'에서부터 '사사 가보르'까지 데브라는 A부터 Z까지 26개의 알파벳으로 시작하는 단어들을 순서대로 읊고 있

다. —옮긴이)

리듬을 타던 박수 소리가 박수갈채로 이어졌고 사람들은 그녀의 대담하고 화려한 말솜씨에 환호했다. 그녀는 두 눈을 반짝이며 양손을 치켜올렸다. 마침내 웃음소리와 박수 소리가 그쳤다.

"그런데 어떤 일이 벌어졌는지 아세요? 1년이 다 되도록 부동산을 단 한 건도 팔지 못했어요. 끔찍했죠. 절망과 실패로 점철된 나날들이었어요."

강연장이 조용해졌다.

"그 주 목요일에 전 마흔세 살이 되었습니다. 이날 제 가장 친한 친구가 세일즈 관련 심포지엄 입장권을 사주더군요. 솔직히 전 가고 싶지 않았어요. 그렇지만 그녀는 제일 친한 친구인걸요."

그녀가 미소를 지었다.

"실은 지금도 그렇답니다."

그녀는 이렇게 말하며 앞줄 어딘가를 향해 활짝 웃었다. 조는 그곳에 그 친구가 앉아 있을 것이라고 생각했다.

"제가 어쩌겠어요? 그 친구는 사람 설득하는 데 일가견이 있다고요."

앞줄 한 무리의 여성들로부터 웃음소리가 터져나왔다. 조의 짐작이 맞았다.

"저는 강연회에 갔습니다."

데브라는 갑자기 여기가 어딘지 깨달은 것처럼 장내를 둘러보았다.

"바로 여기서 개최되는 강연회였죠. 여러분이 앉아 계신 바로 그곳에, 저 역시 앉아 있었습니다. 오늘처럼 9월의 어느 목요일 오후였지요. 그해의 기조 연설자는 그전까지 한 번도 들어본 적 없는 어느 남자분이었습니다. 그는 자신이 파는 것에 가치를 더하는 게 얼마나 중요한지 역설하더군요. 그는 이렇게 말했습니다. '당신이 무엇을 팔든 그것이 누구나 다 파는 생활용품이건 부동산이건 혹은 보험증권이건 핫도그이건 간에⋯⋯.'"

조의 몸에 전율이 일었다. 그는 데브라가 말하는 남자가 바로 옆자리에 앉아 있다는 사실을 깨달았다.

"'그게 무엇이든 가치를 더함으로써 당신은 우월해질 수 있습니다. 돈이 필요하다면 가치를 더하십시오. 아주 많은 돈이 필요하다면 아주 많은 가치를 더하세요.' 그가 이렇게 말했을 때 다른 사람들은 웃음을 터트렸지만 저는 전혀 웃을 수 없었습니다. 저는 뒷줄에 앉아서 제 인생이 얼마나 불쌍하고 초라한지 생각하고 있었죠. 그러다 용기를 내어 손을 들었어요. 그가 반짝이는 눈으로 저를 바라보며 말하더군요. '예, 뒷자리 여성분?' 전 자리에서 일어났어요. '많은 돈이 급히 필요하면 어쩌죠?' 그 사람은 고개를 끄덕이며 미소를 짓더군요. '그러면 많은 가치를 더할 수 있는 방법을 빨리 찾아야죠.'"

잔잔한 웃음의 물결이 흘러나왔다.

"여러분, 전 그 사람이 한 말을 주말 내내 생각해보았습니다. 곰곰이 따져봤어요. 실패만 거듭하는 중개인이 소비자를 위해 부동산 거래에 더할 수 있는 가치는 무엇인가? 일요일 저녁에 저는 해답을 발견했습니다. 내가 무엇을 더할 수 있을까? 아무것도 없다. 보잘것없는 데브라 데븐포트가 더할 수 있는 가치는 단 한 줌도 없었습니다. 1년 동안 시도한 결과 저에겐 프로다운 능력이 없다는 게 증명되었어요. 고객들에게 제공할 만한 것이 전혀 없었던 거죠. 그날 저녁, 저는 결정을 내렸어요. 이제는 그만둬야 할 때라고 말이지요."

그녀는 말을 잇지 못했다.

"전, 그냥……."

데브라는 감정을 추스르기 위해 숨을 들이마셨다. 그녀는 다시 한 번 관자놀이를 톡톡 두드리더니 사람들을 바라보았다.

"여기서 무슨 일이 일어났는지 아시겠어요? 남편이 문을 열고 나갔을 때, 제 자존심 역시 그와 함께 떠나버렸던 겁니다."

조는 수백 명의 사람들이 고개를 끄덕이는 것을 보았다. 데 브라는 청중의 마음을 움직이고 있었다.

"남편은 저를 하나의 자산이 아니라 돌봐야 할 의무로 여겼 죠. 제가 뛰어든 직업 세계 역시 남편과 같았고 부동산 업계도 그랬던 게 분명해요."

주변을 슬쩍 살피던 조는 몇 사람의 눈가가 촉촉해진 것을 발견했다. 데브라는 이들에게 과연 어떤 신비로운 힘을 발휘 한 걸까?

데브라 데븐포트는 천천히 서글픈 표정으로 고개를 저었다.

"1년이 지난 그때까지도 저는 생일 선물의 포장을 뜯지 않 았습니다."

그녀는 짧게 숨을 들이켠 뒤 다시 내뱉었다. 마치 우울한 기 분을 떨쳐버리려는 듯.

"그래서 다음 날 아침 저는 사무실 책상을 치우기로 결심했 습니다. 그런데 아직 정리하지 못한 마지막 약속이 남아 있었 고 순전히 의무감에서 그 고객과 만나야 했지요. 저는 고객을 차에 태우고 집을 보여주러 갔습니다. '다 끝났어.' 전 속으로 이렇게 중얼거렸습니다. '아무려면 어때.' 그래서 전 그녀와 편안한 마음으로 즐겁게 얘기를 나누었지요. 영업 기술은 전 부 무시했어요. 집에 대한 서류도 전혀 가져오지 않았고요."

그녀는 어떻게 그럴 수가 있느냐는 듯 혀를 찼다.

"가는 동안 우리는 수다를 떨었습니다. 온갖 시시콜콜한 것들에 대해서 거침없이 떠들었죠. 매도인이 제시한 가격을 알려주었는지조차 모르겠어요. 부동산 거래 역사상 가장 프로답지 못하고, 불평 많고, 책임감도 없고, 불명예스러운 상품 설명이었을 겁니다."

그녀는 이제 지쳤다는 몸짓으로 마치 '이런 바보!'라고 말하는 듯 두 손을 치켜들었다.

"그리고 물론, 그녀는 집을 샀답니다!"

1분이 넘게 계속되던 박수갈채가 어느 정도 잦아들자 데브라는 이야기를 계속했다.

"그날 전 한 가지를 배웠어요. 엄마로서, 아내로서 그리고 주부로서 살아오는 동안 시장이 요구하는 재능은 전혀 남지 않았다고 말했지만 그건 틀린 생각이었다는 걸 말입니다. 전 배운 게 있었어요. 바로 친구가 되는 방법이었죠. 돌보는 방법, 사람들이 그들 스스로를 좋아하게 만드는 방법. 그리고 그것은 시장이 너무도 간절히 원하던 것이었지요. 늘 그래왔고 앞으로도 계속 그럴 겁니다. 여러분, 그날 강연회에서 연사는 이렇게 말했습니다. 가치를 더하라고. 제 경우, 저는 저 자신

말고는 더할 게 없었습니다. 그리고 그것이야말로 진짜 필요한 것이었지요."

데브라는 말을 멈추고 깊이 숨을 들이마시며 잠시 감정을 달랠 여유를 가졌다.

"그때부터 전 집을 몇 채 더 팔았어요."

그녀가 이렇게 말하자 의미심장한 웃음의 파도가 장내를 지나갔다. 그 자리에 앉아 있던 사람들은 모두 데브라 데븐포트의 판매 기록을 알고 있었던 것이다. '몇 채 더'라는 표현은 지난 10년 세월에 대한 지나친 겸손의 표현이었다.

"나중에 저는 처음 집을 판 여성의 남편을 만나게 되었습니다. 그분은 상업용 부동산에 관심을 가진 친구들에게 저를 연결해주었고요. 전 못해낼 거라고 말했지만 이번에도 전 틀렸습니다!"

"그분은 저를 친구들에게 연결해주었습니다"라는 말이 조의 마음속에서 느슨해 있던 기억의 끈을 다시금 조였다. 며칠 전부터 물어보려고 했건만 지금까지 까맣게 잊고 있었다. 조는 핀다를 향해 몸을 기울이며 속삭였다.

"연결사?"

핀다가 빙그레 웃으며 고개를 끄덕였다.

"아하."

조는 생각했다. 그러니까 기업형 레스토랑의 소유자인 어네스토에게 수백만 달러 상당의 상업용 부동산들을 판 사람이 바로 데브라 데븐포트였군! 그 연결사라는 인물과 언제쯤 만날 수 있을까?

"그리고 영광스럽게도 저는 주거 및 상업 부동산 시장에서 도시 최고의 부동산 중개업자로 선정되었습니다."

조의 마음은 여전히 부산했다. 어네스토 이아프라테와 데브라 데븐포트를 연결하고 니콜 마틴의 풋내나는 소프트웨어 사업에 자본을 마련해준 사람이 연결사라면……. 그는 다시 핀다에게 속삭였다.

"내일은 누구를 만날 예정이죠?"

핀다가 작은 소리로 대답했다.

"아, 금요일의 손님."

그는 고개를 끄덕였다.

"금요일의 손님은 깜짝 게스트지."

"연결사로군요. 그렇죠?"

조가 물었다.

"마침내 연결사를 만나는 겁니까?"

핀다는 그저 미소만 보일 뿐 아무 말도 하지 않았다.

"그리고 지난 몇 년간."

강연은 계속되고 있었다.

　"저는 오늘 이곳에 모인 여러분 같은 분들을 위해 전국을 돌며 강연을 해왔습니다. 모든 사람들에게 늘 같은 이야기를 하죠. 제가 이 자리에 서는 이유는 집보다 훨씬 더 소중한 것을 여러분께 팔아야 할 책임과 영광을 안고 있기 때문입니다. 제가 이곳에서 여러분에게 파는 것은 바로 여러분 자신입니다. 모두 이 점을 명심하시기 바랍니다. 여러분이 어떤 직업에 종사하든 어떤 훈련을 받았든 또는 어떤 기술을 가지고 있든 가장 소중한 상품은 바로 여러분 자신입니다. 다른 사람에게 줄 수 있는 가장 귀한 선물은 본인이에요. 스스로 정한 목표에 도달하기 위해 필요한 것들 가운데 전문 지식이나 기술의 비중은 단 10퍼센트에 불과합니다. 나머지 90퍼센트는 사람을 대하는 기술이지요. 사람을 대하는 기술의 근본은 무엇일까요? 사람을 좋아하는 것? 관심을 갖는 것? 남의 말을 잘 들어주는 것? 모두 도움이 됩니다만 핵심은 따로 있습니다. 바로 자기 자신이 되는 겁니다. 자기 자신에게서 출발하는 거예요. 내가 아닌 다른 누군가가 되려 하거나 남이 가르쳐준 대로 행동하고 그런 척 연기를 하려고 한다면 당신은 결코 진정으로 사람들과 소통하거나 다가갈 수 없습니다. 타인에게 줄 수 있는 가장 소중한 것은 바로 여러분 자신입니다. 본인이 무얼 판다고 생각하든, 실제로 고객에게 제공하는 것은 바로 여러분 자신입니다."

데브라는 강연장 뒤편을 응시했다. 조는 깜짝 놀랐다 그녀는 그를 똑바로 바라보고 있었다. 적어도 조는 그렇게 느꼈다.

"사람을 대하는 훌륭한 기술을 배우고 싶으세요?"

그녀는 마치 친한 친구에게 비밀을 털어놓듯 청중을 향해 몸을 숙였다.

"탁월한 인간관계 전문가가 되고 싶나요?"

그녀가 다시 말했다.

"그렇다면 자기 자신이 되세요."

데브라가 장내를 돌아보았다.

"여러분은 그렇게 할 수 있나요? 그렇게 하겠습니까?"

그녀는 다시 한 번 왼쪽에서 오른쪽으로 고개를 돌리며 수십 명의 청중들과 시선을 교환했다.

"지금까지 만들어진, 아니 앞으로 개발될 모든 판매 기술보다 수만 배 더 귀중한 게 뭔지 아시나요? 그건 바로 진실성입니다."

이 여성이 사람들에게 행사하는 신비로운 힘이 뭔지 궁금해했던 게 떠올랐다. 조는 막 그 대답을 들었다.

잠시 후 조와 핀다는 조용히 주차장을 빠져나와 시내의 미로 같은 길로 접어들었다. 조는 지난 며칠 동안 여러 가지에 대해 많은 생각을 했고, 자신의 비즈니스 방식에 대해 재평가할 기회를 가졌다. 그렇지만 그는 데브라 데븐포트가 던진 그 한 단어가 미칠 충격과 영향력에 대해서는 미처 대비하지 못하고 있었다.

진실성.

조는 스핑크스처럼 속을 드러내지 않는 핀다의 무표정한 얼굴을 슬쩍 살폈다. 그러고는 다시 도로로 시선을 옮기며 말했다.

"제가 토요일에 회장님을 만나러 간 이유를 아시나요?"

핀다가 고개를 끄덕였다.

"성공에 대한 배움에 굶주려 있었지. 진정한 성공에."

조는 잠시 머뭇거리다 말했다.

"실은…… 그게 아니었습니다. 사실은 그게 아니었어요. 사실은…….."

핀다는 진지한 눈으로 그를 응시했다.

"계속하게."

조는 숨을 들이켰다.

"회장님께 깊은 인상을 남기고 싶어서 간 거였습니다. 당신의 신뢰를 얻고 싶었죠. 제가 바라던 건, 아니 사실 계획하고 있었던 건 이번 거래를 성사시킬 수 있게 당신의 도움을 받는 거였습니다. 제가 지금 진행 중인 거래 말입니다. 당신의 자금과 인맥을 얻어내려 했어요. 아시겠지만…….”

조의 목소리는 점점 줄어들어 거의 알아듣기 힘들 정도가 되었다.

“당신의 권력과 영향력을 이용하고 싶었던 겁니다.”

마침내 진실이 드러났다. 조는 핀다에게 사실을 고백하고 털어놓았다.

조가 처음 핀다를 만나러 간 진정한 이유가 여기 있었다. BK 계약 그리고 권력과 영향력.

조는 핀다가 화내는 모습을 본 적이 없다. 물론 그런 모습을 보고 싶지 않았다. 그럼에도 불구하고 그는 다시 한 번 숨을 들이마신 뒤 간신히 고개를 돌렸다. 그리고 스승의 눈을 정면으로 마주했다.

“어리석은 이유였어요.”

조의 말에 핀다가 부드럽게 말했다.

“아니, 어리석지 않네. 그저 그런 처지에 있었을 뿐이야. 게다가 자네가 날 보러 온 이유는 그게 아니야. 자네가 그렇게 생각했을 뿐이지.”

조는 놀라서 핀다를 바라보았다.

"그럼 진짜 이유는 뭐죠?"

핀다가 빙그레 웃었다.

"성공에 대한 배움에 굶주려 있었지. 진정한 성공에."

진실성의 법칙

당신이 다른 사람에게 줄 수 있는
가장 소중한 선물은 당신 자신이다.

11

거스의 비밀

그날 오후, 거스는 조를 혼자 있게 놔두었다. 젊은이에게 그만의 시간이 필요하다는 것을 알아챘기 때문이다. 정확히 무슨 일이 있었는지는 알 수 없지만 그가 지금 정직한 자기반성에 따른 정화의 아픔을 겪고 있으리라 짐작할 수 있었다.

5시 정각이 다가오자 거스는 책상을 정리하고 사무실 전등을 껐다. 소지품을 모두 챙긴 뒤 코트 걸이에 걸쳐놓은 재킷을 가지러 밖으로 나갔다.

"거스?"

돌아보니 조가 그를 바라보고 있었다.

"음?"

조는 우수에 젖은 얼굴을 하고 있었다. 아니, 그 이상이었다. 무언가를 깊이 뉘우치고 있는 듯한 얼굴이었다.

"잠깐 시간 좀 내주실 수 있습니까?"

거스는 재킷을 내려놓았다.

"물론이지."

거스는 조의 책상 옆에 놓여 있는 의자에 앉아 양손을 맞잡고 조를 올려보았다. 조는 책상을 돌아나와 의자 하나를 끌어 거스 옆에 앉았다.

"드릴 말씀이 있습니다."

조는 잠시 머뭇거리다 입을 열었다.

"선배님은 제가 여기 처음 온 후로 항상 잘 대해주셨지요. 전 늘 선배님을…… 약간 고지식하다고 생각했습니다. 구식이라고요."

거스가 고개를 끄덕였다.

"선배에 관한 소문은 믿지 않았어요."

조가 말했다.

"그러니까 그런 거 있잖습니까. 회사가 의리 때문에 선배님을 데리고 있다, 뭐 그런 소문이요. 그리고 과거에 선배님이 상당한 성공을 거두었다는 식의 소문도 믿지 않았어요. 하지만 그건 사실이죠? 그렇지 않나요? 선배님은 이 다섯 가지 법칙들, 즉 '준다'는 핀다의 이론에 대해 전부 알고 계셨던 거예요, 그렇죠?"

대답에 앞서, 거스는 잠시 조를 찬찬히 살펴보았다.

"내 경력엔 행운이 많이 따랐지."

마침내 그가 입을 열었다.

"그래, 나도 그 저택에 갔었네. 그리고 자네가 이번 주 내내 얻은 그 가르침을 배웠지."

거스의 시선이 자신의 두 손을 향했다. 그는 다시 조를 올려다보았다.

"어디 보자. 오늘이 목요일이니 네 번째 성공의 법칙에 대해 들었겠군."

조가 고개를 끄덕였다.

"네, 진실성이요. 이제 그것을 적용할 방법을 생각할 차례예요."

거스는 생각에 잠겨 입술을 오므렸다.

"글쎄, 내가 보기에 벌써 적용한 것 같은데."

조는 거스를 빤히 응시했다. 1분 남짓한 시간이 흘렀다. 거스는 눈 하나 깜짝하지 않고 미소만 띄울 뿐이었다.

"당신이군요. 그렇죠?"

조가 나지막이 말했다.

"선배님이 바로 그 연결사예요."

거스는 잡고 있던 손을 풀었다. 그는 등받이에 몸을 기대고 머리를 긁적이며 창밖을 내다보더니 다시 조를 향해 고개를 돌리며 두 손을 쳐들었다. 들켰군.

"나는 우리 친구 핀다와 35년 전에 처음 만났네. 그리고 몇 년 뒤에 그를 샘 로젠에게 소개해주었지. 그 후 몇 년이 지나 나는 몇 달러를 투자해 평소 알고 지내던 동네 핫도그 가판대에서 두 사람에게 점심을 사주었지. 결국 그날의 점심식사는 엄청나게 생산적인 투자였다는 게 입증되었고."

그는 조가 이 정보를 소화할 수 있게 잠시 기다렸다.

"10여 년 전, 어네스토 이아프라테와 그의 부인을 데브라 데븐포트에게 소개했네. 내 아내에게 우리 집을 팔았던 여성이지. 내 추측이 틀리지 않다면 자넨 오늘 그녀의 강연을 들었을 거야."

조는 멍하니 고개를 끄덕였다.

"몇 년 뒤에는 내가 아는 젊은 친구 몇 명이 소프트웨어 회사를 세우고 싶어 해서 샘에게 소개해줬지. 샘은 그들에게 자본 마련에 관련해서 조언을 해주었고. 샘, 핀다 그리고 나는 니콜 마틴의 작은 벤처 회사에 투자했네. 이아프라테의 카페가 그랬듯이 이번에도 결과가 아주 좋았지."

입을 벌린 채 바라보는 조의 모습에 거스는 약간 부끄러운 듯 웃었다.

"나도 모르겠어. 난 그냥 뒤에서 밀어줄 만한 좋은 말馬들을 찾아낼 뿐이야. 이상하게도 그 방면에서는 항상 운이 좋더라고. 허허."

그리고 조는 깨달았다. 거스가 조를 그 '좋은 말' 중 하나로 여기고 있으며, 그것이 실은 행운과는 전혀 관계가 없다는 사실을 말이다.

"어, 전 이해가 안 됩니다."

조가 불쑥 말을 뱉었다.

"이렇게 노골적인 표현을 써서 죄송하지만 그렇다면 선배님은 수백만 달러 이상의 자산가일 텐데요."

거스가 엄숙한 표정으로 조를 응시했다. 지금껏 그의 얼굴에서 한 번도 본 적 없는 표정이었다.

"매우 사적인 문제지만 자네에게는 말해주고 싶군. 다른 이들에게 말하지 않을 거라 믿겠네. 내 순자산은……."

조는 고개를 끄덕였다.

거스가 조용히 수치를 일러주었다.

조의 무릎에서 힘이 쑥 빠져나갔다.

"그런데 왜 아직도 여기서 일하시죠? 왜 아직도 일을 하십니까?"

조는 대답할 틈도 주지 않고 한 손을 들어올렸다.

"아니, 말하지 마세요. 알 것 같으니까."

거스의 느긋하고 한가로운 대화, 장래의 고객들을 대하는 편안한 태도, 장기 해외여행 등이 기억났다.

"지금 하는 일을 사랑하시는군요. 사람들과 이야기를 나누고, 질문을 하고, 그들에 대한 모든 것을 파악하고, 도움을 줄 수 있는 방법을 찾아내고, 봉사하고, 필요한 것을 채워주고, 자원을 공유하고……."

거스는 일어서서 코트 걸이를 향해 천천히 걸어갔다. 재킷을 집어들며 그는 조에게 윙크를 보냈다.

"나이가 들면 재미가 좀 필요하지."

거스가 엘리베이터 쪽으로 걸어가자 조가 웃으며 외쳤다.

"내일 점심 때 뵐게요."

거스는 돌아서서 어리둥절한 표정으로 조를 쳐다보았다.

조가 킬킬 웃었다.

"오, 아닙니다. 이번엔 제가 맞혀보죠. 선배님이 그 연결사입니다. 그렇죠? 그러니까 내일 펀다 씨 집에서 점심식사를

같이 할 사람은 바로 선배님이에요. 금요일의 손님!"

"아, 금요일의 손님."

거스는 잠시 웃고 나서 말했다.

"나? 아니, 그건 내가 아니야."

그는 다시 한 번 웃으며 엘리베이터 안으로 걸음을 옮겼다.
그리고 이렇게 중얼거렸다.

"금요일의 손님이라. 정말 재미있겠는걸."

12

수용의 법칙

　　금요일 12시 정각, 조는 거대한 석조 저택의 정문을 힘차게 두드렸다. 하늘 위로 모여드는 구름을 올려다보며 그는 온기를 찾아 두 손을 주머니 속으로 밀어넣었다. 9월 말, 여름의 퇴장보다 겨울의 등장을 더 많이 암시하는 날씨였다.

　두 번째 노크를 하려는 순간, 문이 확 열리더니 레이첼이 나타났다.

　"조! 어서 들어와요."

　레이첼은 그를 서재로 안내했다.

　"올드맨에게 약속에 없던 전화가 걸려와서요. 여기서 기다리고 있으면 금방 내려오실 거예요."

조는 참나무 패널로 장식된 방 안을 살펴보았다. 서재는 고요했고 가죽과 오래된 책 냄새가 풍겼다.

"오늘은 나가실 필요 없어요."

조가 묻지도 않았는데 레이첼이 먼저 말을 꺼냈다.

"오늘은 여기서 식사를 하는 날이거든요."

조는 레이첼이 이런 일을 자주 겪어봤다는 듯 정해진 설명을 하고 있음을 알아차렸다.

"오늘은 금요일의 손님이 오죠?"

레이첼이 싱긋 웃었다.

"맞아요."

"질문 하나 해도 됩니까?"

조는 핀다가 그에게 레이첼의 이야기를 들려준 지난 수요일부터 이 순간이 오기를 못 견디게 기다렸다.

"물론이죠."

"핀다를 위해 일하는 소감이 어떤가요?"

레이첼은 잠시 주저하다 조를 향해 미소 지으며 말했다.

"정직하게 말해요?"

그녀는 핀다의 안락의자 중 하나에 앉았다.

"놀라웠지요."

레이첼은 처음 이 저택에 일하러 온 순간부터 지금까지 대부분의 기업가들이 평생 얻는 것보다 더 풍부하고 훌륭한 지식을 얻었다. 그녀는 자본과 자선, 협상과 인맥 구축, 각종 자원과 관계 형성에 관해 배웠다.

"핀다가 만든 '협조적 거래'의 원칙들을 하나에서 열까지 모두 배웠죠."

레이첼이 싱글거리며 말했다.

그녀는 이 모든 가르침들을 자신의 열정, 즉 뛰어난 커피를 만들기 위한 노력에 쏟아부었다. 어네스토의 카페에서 나누었던 긴 대화를 시작으로, 레이첼은 레스토랑 자재 공급의 세계를 탐험했다. 그녀는 품질 좋은 업소용 로스터나 그라인더 등의 기구를 공급받기 위해 믿을 만한 업체를 탐색했다.

또 세계 각지에서 최고 품질의 커피 원두를 제공받을 수 있는 방법도 찾아냈다. 대학 시절에 만난 콜롬비아 출신 스페인어 선생의 도움으로 콜롬비아의 개인 커피 재배자들과 교류를 형성하고 발전시켰고, 그 지역 특유의 사투리를 습득하여 에콰도르, 베네수엘라, 페루, 브라질 같은 주변 국가들과도 접촉을 이어갔다. 곧 그녀의 네트워크는 다른 대륙으로 확장되었다. 수마트라, 인도네시아, 케냐, 예멘의 커피 생산자들과도 친분을 쌓았다.

"우리가 사는 이 조그만 행성 위에 커피를 생산하는 나라가 몇이나 되는지 알아요?"

그녀가 물었다.

조는 잠시 생각했다.

"스무 개?"

"서른 개가 넘어요. 그리고 지난 12개월 동안 전 각 나라의 생산업자들과 개별적인 네트워크를 구축했답니다."

조는 깜짝 놀랐다. 이 놀라운 네트워크 덕분에 그녀는 중개상과 중간업자를 건너뛰어 세계 곳곳에서 최고 품질의 커피를 아주 싼 가격에 끌어올 수 있었다. 그리고 물론, 지난 12개월 동안 핀다의 거실에서 그녀의 커피를 대접받은 사람들이 있었다. 레이첼은 그들을 통해 수입·수출, 국제 금융, 경영 그리고 인적 자원 등 모든 분야에서 일급 전문가들과 접촉했다.

사실 원하기만 한다면 레이첼은 지금 당장이라도 이 집을 나가 48시간 내에 세계적인 커피제국 건설에 필요한 기반을 모두 마련할 수 있을 것이다.

"오, 이런 세상에."

조가 불쑥 말했다.

"그걸 몰랐다니!"

그는 이마를 치며 웃었다.

"뭐가 말이에요?"

조의 얼굴에 커다란 미소가 번졌다. 그는 의자 깊숙이 기대 앉으며 레이첼을 가리켰다.

"당신이요."

"나요?"

"네, 당신이요. 이번 주 내내 함께 있어서 당신일 것이란 생각은 전혀 못했어요. 바로 내 눈앞에 있었는데 말입니다!"

레이첼이 눈을 휘둥그레 떴다.

"네?"

조는 쌍권총처럼 양쪽 집게손가락으로 그녀를 가리켰다.

"당신이 금요일의 손님이죠? 어서 인정해요."

레이첼이 한숨을 내쉬며 두 손을 들어올렸다. 마치 "내가 졌어요. 당신이 이겼어요"라고 말하는 것 같았다.

"멋진 추측이에요!"

그녀의 대답에 조가 밝게 웃었다.

"하지만 아니에요."

조의 미소가 사라졌다.

레이첼이 어딘가에 귀를 기울이더니 고개를 들었다.

"아, 통화가 끝났네요."

그녀가 일어섰다.

"준비가 되면 테라스로 오시겠어요? 금요일의 손님을 기다리는 동안 두 분이 밖에서 점심식사를 할 거라고 하셨어요."

그녀는 깜짝 놀란 조의 표정을 보고 싱긋 웃으며 조용히 나갔다. 조는 천천히 고개를 저었다. 그리고 편안한 의자에서 일어나 스승과 함께 금요일의 손님을 기다릴 테라스로 향했다. 그 손님이 어떤 사람이건, 누구로 밝혀지건 말이다.

"그래서 자네, 이 모든 것에 대해 어떻게 생각하는가?"

20분간 두 사람은 근사한 점심을 즐겼다. 얇게 저민 냉육과 신선한 빵, 피클, 올리브, 야채까지 아주 푸짐했다. 조가 세어 보니 겨자만 다섯 종류였고 조금씩 맛만 보았는데도 배가 불렀다. 그렇지만 그는 핀다의 질문이 점심 만찬에 관한 게 아님을 알고 있었다. 그는 지금까지 그가 보고 들은 것들에 관한 소감을 묻고 있었다.

조는 머뭇거리다 마치 징검다리를 건너듯 신중하게 입을 열었다.

"제가 보기에…… 모든 것들이 놀랍습니다. 대단해요. 정말 대단합니다."

조는 잠시 말을 멈췄다. 가을 낮의 따스한 햇살이 느껴졌다.

"그리고?"

핀다가 거들었다.

"그리고 또 전⋯⋯."

조는 크게 숨을 들이켰으나 어떻게 마무리할지 몰라 말없이 다시 숨을 내쉴 수밖에 없었다.

"이쯤에서 자네를 도와주어야겠군."

핀다가 말했다.

"어렸을 때 '준다'는 행위에 대해 어떻게 배웠나?"

조는 기억을 떠올리려고 이마를 찌푸렸다. 기억의 열차가 채 출발하기도 전에 핀다가 끼어들었다.

"생각하려 하지 말게, 조. 기억하려 애쓰지 마. '준다'는 말을 처음 들었을 때 떠오른 게 뭔지 말해보게."

"받는 것보다 주는 게 낫다."

"그렇지! 받기보다 주는 게 낫다. 착한 사람이라면 그렇게 할 걸세. 다른 사람들에게 기꺼이 베풀고 주는 거야. 선한 사람들은 주기는 해도 받을 생각은 하지 않아. 하지만 자네는 항상 받을 생각을 하지. 저절로 그런 생각이 들거든. 고로, 자네는 아주 착한 사람이 아닐지도 모른다는 뜻인데⋯⋯ 그렇다면 무엇 때문에 이렇게 애를 쓰지? 어떤 사람들은 '준다'는 행위를 존중하고 훌륭하게 여기지. 나나 니콜 혹은 어네스토 같은 사람 말이야. 그런데 자넨 그렇지 않아. 자네는 그렇게 생겨먹지 않았거든."

잠시 침묵이 흘렀다.

"그런 건가요?"

조가 한숨을 쉬었다.

"비슷하네."

핀다가 대답했다.

핀다는 고개를 돌려 서쪽으로 펼쳐진 도시를 내다보았다. 우수에 찬 표정이었다. 거의 슬퍼 보이기까지 했다. 그는 여전히 시선을 먼 곳에 돌린 채 다시 입을 열었다.

"내가 말하는 대로 한번 해보게. 30까지 셀 테니 그동안 천천히 숨을 내쉬게. 그냥 그거면 돼. 숨을 내쉬기만 하게. 멈추지 말고. 먼저 크게 숨을 들이쉬게. 몸속에 공기가 가득차게. 알았지? 자, 이제 숨을 마시고, 시작!"

핀다가 수를 세기 시작하자 조는 천천히 숨을 내뱉기 시작했다. 핀다가 '9'를 셀 무렵, 조의 등이 앞으로 굽으면서 얼굴이 창백해졌다. '12'에 이르자 그는 벌떡 일어서 허겁지겁 숨을 크게 마셨다.

핀다가 조를 응시했다.

"30까지 갈 수 있겠나?"

조가 고개를 저었다.

"들숨보다 날숨이 건강에 더 이롭다는 사실이 의학적으로 증명되었다고 말하면 자넨 어떻게 하겠나? 그런다고 무엇이 달라질까?"

조는 의아해하며 다시 고개를 저었다.

"물론 아무것도 달라지지 않지. 누가 뭐라고 주장해도 영원히 날숨만 계속할 순 없으니까. 긴장보다 이완이 심장에 더 좋다고 한다면? 수축하지 않고 확장 상태만 유지해볼 텐가?"

이번에는 아예 대답을 기다리지도 않았다.

"어리석은 짓이지. 어리석은 생각이야. 그리고 자네나 나를 포함해 모든 사람들이 머릿속에 주입한 그런 말도 안 되는 옛말도 똑같이 어리석은 소리지. 받기보다 주는 게 낫다니, 그건 아니지. 주기만 하고 받지 않으려 한다면 제정신이 아니란 말이야. 받지 않으려 하는 것은 어리석은 짓일 뿐 아니라 교만이네. 누군가 자네에게 선물을 줄 때 그것을 거부할 권리를 누가 준단 말인가? 그들이 타인에게 뭔가를 줄 권리를 어떻게 막겠나? 받는 것은 주는 행위의 자연스러운 결과일 뿐이네. 주기만 하고 받을 차례가 되었을 때 그것을 거부한다면 빠져나가는 파도를 보고 다시 돌아오지 말라고 명령한 카누트Canute 왕과 다를 바가 없어. 심장이 이완한 뒤 수축해야 하는 것처럼 무언가를 준 다음에는 반드시 받아야 하네. 바로 이 순간, 지구상 모든 곳에서 인류는 산소를 마시고 이산화탄소를 내뿜고 있지. 다른 동물들도 마찬가지라네. 그리고 바로 지금 지구 전역에서 식물계의 수많은 유기체들은 정반대의 활동을 하네. 이산화탄소를 마시고 산소를 내뿜고 있어. 그들이 주면 우리는 받고, 우리가 주면 그들이 받지. 사실 모든 '준다'는 행위는 동시에 받는 행위가 될 때에만 존재할 수 있다네."

이때 갑자기 핀다가 말을 멈췄다. 그는 눈을 돌려 시내 정경과 그 너머 산들을 바라보았다.

조는 마치 지진이라도 일어난 것처럼 그 자리에서 꿈쩍도 할 수 없었다.

"모든 주는 행위는 동시에 받는 행위가 될 때에만 존재할 수 있다."

잠시 두 사람은 아무 말도 하지 않았다. 귓전에 혈관이 팔딱대는 소리 말고는 아무것도 들리지 않았다. 뇌 속에서 생각들이 소용돌이치는 소리까지도 들릴 듯했다. 이내 조는 자신의 숨소리를 자각하게 되었다. 숨이 들어왔다 나가고 들어왔다 나가고 있었다. 웃음이 나왔다.

"말!"

핀다가 고개를 돌려 궁금한 표정으로 그를 보았다.

"말이요."

조가 다시 말했다.

"말한테 물 먹이기. 말을 물가로 데려갈 순 있지만……."

핀다가 고개를 세운 채 기다렸다.

"말에게 물을 먹도록 강요할 순 없다. 그게 마지막 법칙 아닌가요? 받는 거 말입니다. 받기로 선택하는 거요."

핀다는 아무 말도 하지 않고 움직이지도 않았다. 그저 말없이 조를 지켜보고 귀를 기울이고 있을 뿐이다.

조의 생각들이 쏟아져 나오기 시작했다.

"주는 행위가 반드시 성공을 불러오진 않습니다. 언제나 자기가 바라는 결과를 만들어내지도 않고요. 줄 때와 마찬가지로 기꺼운 마음으로 받을 수 없다면 그렇죠. 왜냐하면 받는 것을 허락하지 않는다면 그건 곧 타인의 선물을 거절하는 것이고 흐름을 막는 것이기 때문입니다. 인간이란 욕구를 가지고 태어나죠. 갓난아기처럼 모든 것을 자연스럽게 받아들이는 존재는 없어요. 평생 어린아이처럼 젊음과 활기, 생명력을 유지하는 비결이 뭘까요? 큰 꿈을 간직하는 것, 호기심을 잃지 않는 것, 스스로를 신뢰하는 것, 어린 시절 누구나 간직했지만 크면서 내동댕이친 가장 귀중한 자질들을 꼭 붙잡는 겁니다.

그리고 그러한 자질 중 하나가 바로 마음을 열고 편안하고 자연스럽게 받는 자세입니다."

이제 조의 두 눈은 빛나고 있었다. 그를 보고 있는 핀다의 눈 역시 그랬다.

"사실 제가 방금 말한 것들, 즉 큰 꿈을 갖고 호기심을 잃지 않고 스스로를 신뢰하는 것은 '받는' 행위를 표현하는 말입니다. '받는' 것, 바로 그 자체죠. 마음을 열고 기꺼이 받는 것은 마치……."

여기서 조는 잠깐 뭔가와 씨름하는 듯했다. 그는 두 팔을 펼친 채 시선을 위로 돌렸다. 자신의 생각을 표현할 수 있을 만큼 포괄적인 의미의 단어를 찾고 있는 듯했다.

"그건 마치 전부인 것 같아요!"

조가 여기서 말을 멈추었다.

핀다는 그를 보더니 웃음을 터트렸다.

"누구 솜씨인지는 몰라도 이 세상을 만드신 분은 유머 감각이 있었던 게 분명해. 안 그런가? 모든 진리, 모든 겉모습 안에는 정반대의 속성이 존재하니까 말이야."

"단순히 흥미롭게 만들려고 말이죠."

조가 불쑥 말했다.

"그렇지."

핀다가 밝은 표정으로 고개를 끄덕이며 답했다.

"상당히 멋진 표현이군. 단순히 모든 걸 흥미롭게 만들기 위해 보이는 것과 정반대의 모습을 지니게 된다."

"그러니까 성공의 비결은 이겁니다."

조가 말을 이었다.

"성공을 얻는 비결, 성공을 성취하는 비결은 주고, 주고, 또 주는 거죠. 얻는 것의 비결은 주는 것입니다. 그리고 주는 것의 비결은 기꺼이 받는 것이고요. 이 법칙을 뭐라고 부르죠?"

핀다가 눈썹을 치켜올렸다.

"자네라면 뭐라 부르겠나?"

조는 주저 없이 대답했다.

"수용의 법칙."

핀다는 사려 깊게 고개를 끄덕였다.

"훌륭하네."

그들은 얼마 동안 조용히 앉아 있었다. 조는 수용의 법칙에 관해 생각했다. 그리고 가장 크고 위대한 진리들을 역설 속에 조심스럽게 재단해놓은 창조의 거대한 아이러니에 대해서도. 그때 조의 머릿속에 갑자기 어떤 생각이 떠올랐다. 그는 하마터면 그 자리에서 뛰어오를 뻔했다.

"점심시간이 거의 다 지났어요. 오늘 우리가 만날 사람은 누구였죠?"

핀다가 그를 지그시 바라보았다.

"음?"

"오늘 우리가 만나려던 사람이요. 그러니까 마지막 법칙을
알려주기로 한 사람 말입니다. 금요일의 손님."

핀다가 싱긋 웃었다.

"아, 금요일의 손님. 그건 자네일세. 친구."

잠시 후, 그는 다시 말했다.

"바로 자네 자신이야."

다섯 번째 법칙

수용의 법칙

효과적으로 '주는' 비결은 마음을 열고 기꺼
이 받는 것이다.

13

순환

클레이슨힐 신탁회사 7층의 오후는 침울했다. 3/4분기의 끝이 다가오고 있었고 조와 동료들은 모두 비슷한 일에 매달려 있었다. 조금이나마 더 실적을 올리기 위해 최후의 기적을 만들어내려고 발버둥치고 있었던 것이다.

조의 경우에는 조금이 아닌 많은 실적이 필요했다.

결국 거래는 성사되지 못했다. 칼 켈러먼의 전화는 나쁜 소문을 사실로 입증해주었다. 빅 카후나, 즉 BK라고 부르던 큰 계약이 결국 닐 핸슨에게 돌아간 것이다.

그는 동료들이 코트를 걸치고 서류가방을 챙기는 동안 빈 커피 잔에 시선을 고정한 채 생각에 잠겨 책상 앞에 앉아 있었다. 벌써 5시가 넘은 시각이었다. 무언가 달성한 일이 있더라도 이제는 10월이나 다음 4/4분기를 기다려야 했다.

"창밖으로 뛰어내리기 전에 나랑 얘기 좀 할까?"

조는 고개를 들었다. 거스가 사무실 문을 열고 서서 조를 보고 있었다. 조는 무심코 웃음을 짓고는 거스에게 이쪽으로 오라고 손짓했다. 조가 연필을 만지작거리는 사이, 거스가 조의 책상 옆으로 의자를 끌어왔다.

"선배님, 방금 제 경력이 걸린 거래를 놓쳤어요. 3/4분기 목표 달성도 물 건너갔고요. 앞으로 어떻게 될지 전혀 모르겠습니다. 그런데 정말 이상한 게 뭔지 아세요?"

거스는 조의 이야기를 들으며 조끼 주머니에서 해포석 담배 파이프를 꺼내 구멍을 쑤셨다.

"이상한 건…… 물론 기분은 좋지 않지만 말입니다. 그런데 생각만큼 나쁘지도 않다는 겁니다. 제 말은…… 전 이번 거래를 따내기 위해 핀다 회장에게 도움을 청하지 않았습니다. 칼 켈러먼에게 핀다의 이름을 언급하지도 않았고요. 커다란 실수를 저지른 셈이죠. 그런데 이상한 게, 또다시 이런 상황에 처한다면 그때도 마찬가지일 것 같습니다. 무슨 말인지 아시겠어요?"

조는 벽에 걸린 시계를 올려다보았다.

"딱 일주일 전, 바로 이 순간, 선배님에게 핀다 회장의 전화 번호를 물었죠. 그리고 이젠……."

조가 한숨을 내쉬었다.

"버텨야겠죠."

거스는 주머니에서 은색 작은 라이터를 꺼냈다. 그는 파이 프를 입에 물고 째깍하는 소리와 함께 라이터를 켰다. 그는 단 단하고 하얀 사기 담뱃대에 라이터 불꽃을 갖다 댄 다음, 불이 잘 붙도록 몇 모금을 빨고 나서 의자에 등을 기댔다.

사무실 안에서 담배를 피우다니!

거스가 조에게 윙크했다.

"딱 몇 모금만일세."

그는 다시 파이프를 손에 들고 대통을 들여다보며 집게손 가락으로 쑤셨다.

"그 거래의 성사 여부로 자네의 성공을 판단해선 안 되지. 중요한 건 그게 아니야."

"아니라고요? 그럼 뭐가 중요하죠?"

거스는 담배를 한 모금 더 빨고 세 개짜리 동그란 고리 모 양 연기를 뿜어낸 뒤, 연기가 사라지는 모습을 지켜보았다. 그 러고 나서 파이프 속의 재를 재떨이에 털어냈다.

"중요한 것은 자네가 무얼 하는가가 아닐세. 자네가 무얼 얻어내는가도 아니고. 중요한 건 자네 자신이야."

조는 갑자기 울고 싶어졌다.

"압니다. 전 그냥······."

거스의 얼굴을 올려다본 조는 놀랐다. 그의 따스한 표정을 보니 핀다의 얼굴이 떠올랐다.

"그냥······ 잘난 척하거나 세속적인 사람으로 보이긴 싫지만 말입니다. 어쨌든 시장에서 승리를 거둘 수 없다면 그게 다 무슨 소용이죠? 성자가 될 순 있어도 굶어죽고 말 겁니다."

조는 비참한 얼굴로 사무실을 둘러보았다. 시계를 보고는 갑자기 번개를 맞은 듯 등을 곧추세웠다.

"아, 마지막 법칙."

거스가 눈썹을 치켜올렸다.

"음?"

"수용의 법칙을 적용해야 하거든요. '주는 것'의 열쇠는 마음을 열고 받는 거죠. 하지만 어떻게 해야 하죠? 선배님이라면 마음을 열고 기꺼이 받는 걸 어떻게 실천하시겠어요? 전 이미 기꺼이 받을 마음의 준비가 되어 있어요. 그러니까 제 말은, 정말 마음을 열었다고요."

그는 한숨을 내쉬고 의자에 웅크리듯 등을 기댔다.

"적어도 그렇다고 생각했습니다. 하지만 실제로는 막대기의 끝부분만 받아든 느낌이에요."

거스는 몸을 기울여 조의 어깨에 손을 올렸다.

"걱정 말게, 조."

그는 자리에서 일어섰다.

"걱정은 아무 도움이 안 되지. 자네는 힘든 일주일을 보냈어. 집으로 가게. 자네 부인에게 가. 뒷정리는 내가 하지."

거스의 태도에 담긴 무언가가 조의 어깨에 실린 긴장을 수그러뜨렸다. 쓸쓸한 기분이 조금 사라지는 듯했다. 조는 한참 연배가 높은 동료에게 지친 미소를 보냈다.

"감사합니다. 하지만 괜찮아요. 먼저 가세요. 정리는 제가 할 테니까요."

거스는 고개를 갸웃하며 코트를 가지러 갔다.

"조, 자네 일주일 전에 비해 많이 달라졌네. 그거 아나?"

거스는 엘리베이터 앞에서 버튼을 눌렀다. 그러고는 문이 열리는 순간 몸을 돌리고 말했다.

"지금의 조가 이미 그때도 그 안에 들어 있긴 했지만 말이야. 눈에 보이지 않았을 뿐이지."

거스는 싱긋 웃었다.

"주말 잘 보내게, 조."

"안녕히 가세요, 거스. 그리고…… 고맙습니다."

조는 사무실에 홀로 남아 눈을 감고 조용히 앉아 있었다. 오후 햇빛이 사라지고 있는 게 느껴졌다. 마무리를 지을 시간이군. 그는 천천히 일어섰다. 사무실의 대형 커피포트로 느릿느릿 걸어가 오래되어 쓴맛이 도는 커피를 쏟아버렸다. 그는 차갑고 축축한 커피 찌꺼기를 버리고 커다란 금속 실린더를 물로 헹군 다음, 여과기 주변을 물티슈로 닦았다.

컵들을 씻어 말리고 찬장에 가지런히 쌓아놓으면서 조는 레이첼과 그녀의 탁월한 커피를 떠올렸다. 그러자 이상하게도 마음속에서 만족스러운 미소가 방울방울 올라와 얼굴 전체로 퍼져나갔다. 그는 하던 일을 멈추고 평소에는 바쁘기 그지없는 사무실의 고요한 평온에 귀를 기울였다.

'이 기분은 대체 뭐지? 마치 살아 있는 것처럼 느껴지는 고요함.'

그는 손끝 하나 움직이지 않은 채 가만히 듣고 있었다.

'이것은…… 이것을 도대체 어떻게 표현해야 하지? 받아들인다?'

순간, 전화벨이 울렸다. 조는 회전의자를 돌려 전화기를 잠시 바라보았다. 6시 15분. 이 시간에 전화를? 그것도 금요일 오후에?

조는 수화기를 들었다.

"여보세요. 조⋯⋯입니까?"

누구인지 알 수 없었다.

"아직 퇴근을 안 하셨다니 믿을 수가 없군요."

"죄송합니다만 혹시⋯⋯."

조는 목소리의 정체를 알아낼 수 없었다.

"아뇨, 당신은 절 모를 겁니다. 제 이름은 핸슨입니다. 닐 핸슨. 에드 반즈가 당신 번호를 알려주더군요."

"누구요? 에드 반즈가 내 번호를 알려주었다고요? 혹시 잘못 아신⋯⋯?"

순간, 그의 기억에서 무언가가 떠올랐다.

에드 반즈. 짐 갤로웨이에게 알려준 업계 경쟁자의 이름이었다. 월요일의 전화 통화, 그의 첫날 과제, 가치를 더하라.

"잠깐만요."

조가 말을 더듬으며 말했다.

"그 거래를 따낸 닐 핸슨?"

"내 말부터 들어봐요."

남자의 목소리는 극도로 흥분한 상태였다.

"전 지금 난처한 상황에 처해 있습니다."

조는 자신의 귀를 믿을 수가 없었다. 땀 한 방울 안 흘리고 BK 건을 훔쳐간 사람이, 자신의 제1경쟁자가 또 다른 경쟁자의 소개를 받아 그에게 전화를 걸었다. '난처한 상황에 처해 있다'는 이유로!

"에드 말로는 승산이 없을 거라더군요. 하지만 그래도 전화를 하는 게 나을 것 같아서요. 당신이 적당한 사람을 알지도 모르니까요. 에드 반즈를 좋은 자리에 추천했던 것처럼 말입니다. 조금 있다가 나에게 전화를 할 사람이 있어요. 이번 거래에서 함께 일하는 사람이죠. 이번 건은 정말 큽니다. 진짜로 정말로 심각하게 크다고요. 이쪽은 정말 거물이거든요. 사업 구상을 다 마쳐두었는데, 공급업체를 잃고 말았답니다. 그래서 한시라도 빨리 새 공급처를 구해야 해요."

"사업 주체는 누구입니까?"

조가 물었다.

수화기 저편의 남자가 잠시 말을 멈추었다.

"말해도 믿지 않으실 겁니다."

그가 이름을 말했다.

순간, 조는 숨을 쉴 수 없었다. 그에 비하면 빅 카후나는 잔챙이였다. 이것은 빅 카후나가 아니었다. 엄청나게 거대한 빅 카후나였다. 조는 아찔했다.

"뭐가 필요합니까?"

조가 힘없이 물었다.

"잠깐만 기다려 주십시오. 전화가 왔군요."

닐 핸슨은 잠시 통화를 보류했다. 기다리는 동안 조는 책상 앞을 서성댔다. 지금껏 경험해본 중 가장 긴 10초, 아니 15초가 지난 후 상대의 목소리가 들렸다.

"됐어요. 잠시 저쪽 통화를 보류해놓았습니다. 상황을 설명해드리지요. 그들은 세 개의 국제 호텔 체인을 사들여 한 지붕 아래 통합할 예정입니다. 비즈니스 회의와 리조트 기능을 강조한 호텔로 변신시킬 거고요. 그리고 일괄 거래로 구입한 호화유람선을 띄우는 걸로 문을 열 생각입니다. 이 모든 게 3주 안에 다 끝나야 해요."

조는 물어보기가 두려워졌다.

"그런데요?"

"그런데 마지막 순간에 중요한 이권을 놓쳤습니다. 함께 일하던 공급업자들이 가격을 가지고 장난을 치기 시작했어요. 그래서 결국 그들을 몰아내야 했지요. 우리가 접촉한 다른 업자들은 공급 물량이나 품질을 맞출 수가 없었습니다. 어느 곳도 필요한 물량을 대줄 정도의 규모가 되지 않더군요. 솔직히 말해 그만한 품질을 갖춘 곳도 없었고요. 이 문제를 해결하는 사람은 어마어마한 거래를 하게 될 겁니다. 그런데 이만한 규모와 가격 그리고 일정을 맞출 수 있는 사람을 도무지 찾을 수가 없습니다."

"그 이권이라는 게 어떤 거죠?"

조는 거의 속삭이고 있었다.

상대방의 목소리가 들려왔다. 금요일 오후, 싸움에 져서 지친 자의 목소리였다.

"초특급, 최상급 커피입니다. 고객의 수가 수십 만입니다. 그리고 내가 말하는 건 고급 커피입니다. 최고급이어야 해요. 그것도 상상할 수 없을 정도로 많은 양이 필요합니다. 3주 안에! 3주! 모두 이 조건의 근처에도 미치지 못했죠."

조는 길게, 천천히 숨을 들이마셨다. 그리고 느긋하게 의자에 등을 기댔다. 그리고 미소를 지으며 말했다.

"그런 사람을 알 것 같군요."

14

기꺼이 주는 사람

반짝이는 8월의 햇살 속에 한 젊은 여성이 두 눈을 깜박이며 주차장에서 나왔다.

"잘해낼 수 있어. 클레어."

벌써 세 번째 다짐이었다. 지금까지 몇 주에 걸쳐 접촉하기는 했으나 전화와 이메일을 이용했을 뿐이다. 실제로 그 사람을 만나는 것은 오늘이 처음이었다.

"잘해낼 수 있어."

그녀는 다시 한 번 이렇게 중얼거리며 다음 블록을 향해 걸어갔다.

클레어는 하룻밤 새 놀라운 성공으로 도약할 수 있는 비결에 대해 정보를 얻고자 지난 수주일 동안 이 신생 회사에 대해 상당히 많은 조사를 했다. 회사의 설립자 중 한 명이 운 좋게 어마어마한 계약을 따내고 그것을 발판으로 그녀가 방문할 예정인 현재의 회사를 세워 엄청난 성공을 거두는 데는 1년이 채 걸리지 않았다. 그리고 한 잡지 기사의 표현을 빌리자면 '일생에 단 한 번 올까 말까 한 달콤한 거래'였던 최초의 계약을 성사시킨 이후 10개월간 그와 두 명의 파트너들은 거듭되는 행운을 누려왔다. 그는 아직 젊었지만 이미 '황금의 손'을 가진 사람이라는 평판이 돌고 있었다.

클레어는 그들이 알려준 주소에 도착했다. 시내의 오래된 의류상가 지구 내, 부티크 상점들과 최상층 아파트로 둘러싸인 공장을 개조한 건물이었다. 그녀는 출입문 너머를 유심히 살펴보았다. 그것으로 충분했다. 타일로 꾸민 독특한 로비 벽에 커다란 나무 간판이 걸려 있었고 그 위에 손으로 새긴 회사 이름이 보였다.

5층: 레이첼의 이름난 커피

클레어는 뒤로 물러서서 건물 위를 올려다보며 층을 세었다. 5층이라, 그럼 꼭대기 층이겠군. 강렬한 태양 빛에 약간 어지러웠다.

"자신들이 성공했다는 걸 아직 모르는 것 같아."

좁은 로비를 지나 낡은 엘리베이터 안으로 들어서며 그녀가 중얼거렸다.

레이첼의 이름난 커피 회사의 안내사원이 따뜻한 미소로 클레어를 맞았다. 그리고 기다란 홀을 따라 내려가 어떤 방으로 그녀를 안내했다. '브레인스토밍'이라는 팻말이 걸려 있었다. 그녀는 방문을 두 번 부드럽게 두드렸다. 다시 또 두 번. 이번에는 좀 더 힘을 실었다.

문이 덜컥 열리며 한 남자의 목소리가 들렸다.

"들어오세요!"

30대 후반의 나이에 안경을 낀 둥근 얼굴의 남자였다. 그는 활짝 웃으며 악수와 함께 널찍한 회의실 안으로 그녀를 맞이했다.

"당신이 클레어로군요."

그가 말했다.

"핸슨입니다. 닐 핸슨. 만나서 정말 반갑습니다. 저와 파트너들 모두 당신이 이번 제안을 통해 보여준 모든 노력에 감사드립니다."

클레어는 숨이 막힐 뻔했다. 정교하게 제작된 축소 모형이 회의실 중앙에 놓인 거대한 나무 탁자 전체를 차지하고 있었다. 작은 산골마을이었다. 마을 외곽에는 풍력 터빈이 한 줄로 늘어서 있었고, 이것들이 계단식 농장을 가로지르는 관개 시스템에 동력을 공급하는 듯했다. 너무나도 근사했다.

"감사합니다. 핸슨 씨."

그녀의 시선이 이번에는 탁자의 건너편 벽을 향했다. 숨을 멈출 만큼 아름다운 사진들이 가득했다. 다양한 나이와 차림새의 어린아이들을 찍은 흑백사진들이었다.

핸슨이 클레어의 시선을 따라가더니 따스하게 미소 지었다.

"놀랍지요. 안 그런가요? 어린아이의 얼굴에 나타난 믿음보다 더 강력한 힘은 없어요. 그는 탁자 주변을 돌며 사진을 하나씩 보여주었다.

"대부분 우리와 거래하는 사람들의 아이들입니다. 모두 레이첼이 직접 찍은 거죠. 지난 번 여행을 갔을 때요."

핸슨이 이렇게 덧붙였다.

"레이첼도 당신을 만나야 하는데 안타깝게도 지금 국내에 없습니다. 가을에 착수할 큰 프로젝트에 대비해 몇몇 주요 거래처들로부터 확답을 받으러 중앙아메리카에 갔거든요. 여기서 크다는 건 진짜로 정말로 심각하게 크다는 의미랍니다. 제

파트너를 만나러 오셨지요?"

클레어가 고개를 끄덕였다.

"그럼 들어가보세요."

닐 핸슨이 옆 사무실로 연결된 문을 가리켰다.

"당신을 기다리고 있습니다."

"반가워요, 클레어. 시간을 내주어 고맙습니다."

레이첼의 이름난 커피 회사의 세 번째 창립 파트너가 말했다.

"제가 영광입니다, 선생님."

클레어는 이렇게 대답하며 의아해했다.

'왜 나한테 고마워하는 거지?'

"조라고 불러요. '선생님'이라고 하면 누굴 말하는지 알 수가 없거든요."

클레어가 빙긋 웃었다. 이상하게도 그의 목소리에는 바짝 긴장한 그녀를 편안하게 해주는 무언가가 있었다.

"좋아요…… 조."

"고마워요."

조는 그녀에게 의자를 내준 뒤 자리에 앉았다.

"클레어, 당신의 제안을 우리가 진지하게 검토해보았다는 점을 알아주셨으면 합니다. 아주 공을 많이 들였더군요."

조는 잠시 말을 중단했다.

"알려줄 것이 있어요."

그는 말을 이었다.

"올 가을 마케팅 작업을 당신에게 맡기기로 결정했습니다."

클레어가 아침 내내 고대하고 기대했던 순간이었다. 그럼에도 마치 천둥번개라도 맞은 듯 충격이 컸다.

"어, 저…… 이렇게 직접 말씀해주시다니 고맙습니다."

"놀라지 않았나요?"

"놀라는 게 당연하죠! 선생님, 아니 조. 어째서 저를 선택하신 거죠? 저쪽은 큰 회사고 저는 혼자 일하는 프리랜서인데요. 그러니까 솔직히 말해 그 사람들이 저보다 훨씬 많은 것을 제공할 수 있을 텐데요."

"사실은……."

조가 대답했다.

"모든 점을 고려할 때, 우리는 그렇게 생각하지 않습니다. 저쪽이 경험이 많다는 것은 인정해요. 실력도 빼어나죠. 하지만 솔직히 클레어, 당신에겐 뛰어난 재능이 있어요. 무엇보다 심장을 가지고 있지요."

"심장이요?"

클레어는 혼란스러웠다.

176

"방금 난 이 계약을 당신과 하기로 했다고 말했어요. 그러자 당신은 고마움을 표현하면서도 저쪽 회사를 칭찬했지요. 당신은 심장을 갖고 있어요."

조가 말을 이었다.

"사실 오늘 만나자고 한 것도 바로 그 때문입니다. 당신에게 맡기기로 한 작업도 중요하지만 그것 말고 한 가지 이유가 더 있어요. 내 파트너들과 난 새로운 국제적 규모의 주력 사업에 착수할 재단을 출범한 참입니다. '레이첼의 이름난 커피 재단'은 중앙아메리카, 아프리카, 동남아시아와 세계 모든 커피 생산 국가들의 커피 재배 지역과 함께 일하는 것을 목표로 삼고 있지요. 지역 중심적인, 자가 공급이 가능한 사업 협력체 건설에 이바지하는 겁니다."

조는 클레어에게 생각할 시간을 주기 위해 잠시 말을 멈추었다.

"이 계획은 전 세계 모든 지역에 진정한, 지속적인 변화를 일으킬 겁니다. 사업에 필요한 자금을 대려면 상당한 돈이 들겠죠. 그러니 재원을 마련하기 위해 국제적인 사업을 조직하고 조정할 사람이 필요합니다. 난 당신이 그 일을 맡아주었으면 좋겠군요. 물론 이 제안에 관심이 있다면 말입니다."

실로 대단한 충격이었다. 클레어는 아무 말도 하지 못했다.

"물론 생각할 시간이 필요하겠지요. 내 아내인 수전을 만나 볼래요? 수전이라면 당신에게 더 많은 걸 설명해줄 수 있을 겁니다. 그녀는 내가 아는 가장 똑똑한 토목기사랍니다. 우린 아주 운이 좋았어요. 수전에게 시에서 맡고 있는 자리를 떠나 우리 회사로 오라고 설득할 수 있었으니까요."

조는 손목시계를 보았다.

"조금 있다가 아래층에서 만나 점심식사를 하기로 했답니다. 같이 가시겠습니까?"

클레어는 적당한 말을 찾아 잠시 머뭇거렸다.

"선생님…… 저기, 조……."

조는 아무 말도 하지 않았지만 친절하게 고개를 끄덕였다. 마치 계속하라고 말하는 듯했다.

"어떻게…… 어떻게 이런 걸 모두 다 하실 수 있죠?"

조는 약간 어리둥절한 표정이었다.

"뭘 말입니까?"

"어떻게 이런 놀라운 상황을 만들어내는 거죠? 당신과 파트너들은 이 회사를 시작한 지 1년도 채 되지 않았잖아요. 대부분의 사람들은 새 사업을 하나 시작해서 일으키는 데만도 엄청나게 고생해요. 그런데 당신은 그런 대규모 계획들을 벌써 여러 개나 착수해서 전 세계에 영향을 미치고 있잖아요. 음,

그러니까 제가 하고 싶은 말은, 지금 제안에 대해 너무나 기쁘고 또 그 계획에 대해 더 많이 알고 싶다는 겁니다. 그중 제가 가장 흥미를 느끼는 부분은 바로 당신이 일하는 방법이에요. 그저 운이 좋다거나 적당한 시간에 적당한 곳을 찾는 것 이상의 무언가가 있는 게 분명해요. 세 분이 갖고 계신 게 뭔지는 모르지만 그 정체와 효과에 대해 알고 싶어요!"

잠시 조는 생각에 잠긴 듯했다. 클레어가 자신의 행동이 지나쳐 조의 기분을 상하게 만들었다고 생각하기 시작할 무렵, 조가 숨을 깊이 들이마시며 입을 열었다.

"그런 질문은 분명하고 확실한 대답을 들어야 마땅하지요. 이아프라테 카페에 가본 적이 있나요? 우리가 제일 좋아하는 곳이죠."

클레어는 무심코 대답했다.

"고맙습니다."

그리고 곧 그녀의 입에서 "아니요, 가본 적 없는데요"라는 대답이 흘러나왔다.

조가 자리에서 일어서며 미소를 지었다.

"당신에게 소개해주고 싶은 분이 거기 계십니다."

위대하고 엄청난 성공에 이르는
다섯 가지 법칙

첫 번째

(가치의 법칙)

당신의 진정한 가치는 자신이 받는 대가보다

얼마나 많은 가치를 제공하느냐에 따라 결정된다.

두 번째

(보상의 법칙)

당신의 수입은 얼마나 많은 사람에게 도움이 되고

그 도움이 그들에게 얼마나 효과적이냐에 따라 결정된다.

세 번째

(영향력의 법칙)

당신의 영향력은 타인의 이익을
얼마나 우선시하느냐에 따라 결정된다.

네 번째

(진실성의 법칙)

당신이 다른 사람에게 줄 수 있는
가장 소중한 선물은 당신 자신이다.

다섯 번째

(수용의 법칙)

효과적으로 '주는' 비결은
마음을 열고 기꺼이 '받는' 것이다.

감사의 글

'금요일의 손님'인 모든 독자들에게

한 권의 책이 잉태되고 모습을 갖추어 태어나는 과정은 기적과도 같다. '감사의 글'이라는 말은 수많은 사람들이 담당한 창조와 지원에 대한 고마움을 충분히 표현하기에는 턱없이 부족하다. 다음 분들에게 깊고도 깊은 감사의 마음을 보낸다.

매번 원고를 읽고 깊은 이해와 현명한 판단, 의욕적인 관심을 보여주었으며 나아가 다양한 의견을 제시해준 우리의 친구들에게 감사한다. 스코트 앨런, 새넌 아니마, 브라이언 비로, 조지 블루멀, 짐 '짐보' 브라운, 앤젤라 로어 크라이슬러, 레이 코번, 존 밀턴 포그, 랜디 게이지, 태사 그린스펀, 존 해리채런, 필립 해리먼, 톰 홉킨스, 제임스 저스티스, 게리 켈러, 파멜라 맥브라이드, 프랭크 머과이어, 아이번 마이즈너 박사, 폴 제인 필저, 토마스 파워, 니도 쿠베인, 마이클 루빈, 론다 셰어, 브라이언 트레이시, 아니 워렌, 더그 위드, 크리스 와이드너 그리고 라이자 윌버.

모든 단계마다 원고를 꼼꼼히 검토하고 변함없는 신뢰로 우리 계획에 늘 힘을 실어준 애나 맥클런에게 감사한다.

"애나, 당신은 진실성 법칙의 귀감입니다."

영향력 법칙의 본보기인 톰 스코트. 그의 뛰어난 전략과 인터넷 기술은 이 책이 세상으로 나올 수 있도록 인도해주었다. 수많은 사람들의 고귀한 정신적 스승이자 '판다'의 실제 모델인 밥 프록터에게 감사의 인사를 보낸다.

포트폴리오 출판사의 놀라운 팀원 여러분, 아드리엔느 슐츠, 에이드리언 자크하임, 윌 와이서, 코트니 영. 그들이 많은 사람들에게 행하는 고품질 봉사를 통해 끊임없는 성공을 누리기를 기원한다. 이 작은 책에게 이보다 더 훌륭한 집은 없을 것이다.

세계에서 가장 뛰어난 에이전트인 마거릿 맥브라이드, 도나 드 귀티스, 앤 봄크와 페이 애친슨, 대행인, 편집자, 비범한 투사이며 가치 법칙의 본보기를 보여준 이들에게 감사한다.

이곳에 이름을 밝히지도 열거하지도 않았지만 절대 잊지 못하는 많은 동료와 친지들, 우리의 삶에 기여하고 이 책의 핵심 아이디어를 형성하는 데 도움을 준 분들께도 감사의 말을 전한다. 그리고 누구보다 중요한, 우리의 성실한 독자이자 금요일의 손님인 여러분에게 감사드린다.

"기꺼이 주세요. 그리고 마음을 열고 받아들여야 한다는 것 또한 기억하시기 바랍니다."

밥 버그, 존 데이비드 만

위대하고 엄청난 성공에 이르는 5가지 법칙

기버1

초판 1쇄 발행 2020년 6월 29일
초판 10쇄 발행 2023년 2월 8일

지은이 밥 버그, 존 데이비드 만
옮긴이 안진환
펴낸이 김선준

책임편집 임나리 **편집1팀** 이주영 **디자인** 김세민
마케팅 권두리, 이진규, 신동빈 **홍보** 한보라, 이은정, 유채원, 권희, 유준상
경영관리 송현주, 권송이
외주 편집 이효원

펴낸곳 (주)콘텐츠그룹 포레스트 **출판등록** 2021년 4월 16일 제2021-000079호
주소 서울시 영등포구 여의대로 108 파크원타워1 28층
전화 02) 332-5855 **팩스** 070) 4170-4865
홈페이지 www.forestbooks.co.kr
종이 (주)월드페이퍼 **출력·인쇄·후가공·제본** 더블비

ISBN 979-11-89584-71-9 04190
    979-11-89584-70-2 04190(set)

㈜콘텐츠그룹 포레스트는 독자 여러분의 책에 관한 아이디어와 원고 투고를 기다리고 있습니다. 책 출간을 원하시는 분은 이메일 writer@forestbooks.co.kr로 간단한 개요와 취지, 연락처 등을 보내주세요. '독자의 꿈이 이뤄지는 숲, 포레스트'에서 작가의 꿈을 이루세요.